新装版

管理基礎テキスト

管理者の役割

片山 寛和 著

経営書院

はじめに

　どこの企業も優秀な管理者が足りない。企業は組織活動だから、社長一人がいくら頑張っても、管理者の働きが悪ければ、業績は上がらない。組織の要にあって、社員の力を結集するのは管理者の役割である。企業の業績を高める鍵は、管理者が握っていると言っていい。ところが、多くの管理者は、自分の役割を十分に果たしていない。役割の自覚が足りないか、あるいは自覚はしていても、行動がそれに伴わないためであろう。現実に管理者は多様な立場にあり、日常の仕事に追われている。つい本来の任務を忘れて行動するのも無理からぬところがある。だが、それでは困るのである。

　全体の経済成長が大きい時代ならば、管理が少しくらいまずくても、市場拡大という外的な要因によって、企業は業績を伸ばすことができた。そのせいか、企業も管理者の育成を手抜きしたふしがある。しかし、いま追い風は吹いていない。管理者を取り巻く環境は大きく変わった。市場の成熟、産業構造の変容、労働力の量的、質的変化の中で成果を上げるには、内部を固め、より効率的な組織運営を図らなければならない。これまで以上に、優秀な管理者が求められるところである。

　この本は、管理（マネジメント）のあるべき姿を示し、管理者の基本的な役割を理解してもらうために書いた。初めて部下を持つ人は、「管理とは何か」を知る手引きとして使っていただきたい。何ごとでも大切なのは基本である。自己流で管理をしないで、まずしっかり基本を身につけ、優れた管理者を目指し

てほしい。

　この本は、しかしながら、単なる入門書にとどまるものではない。隠し味として、筆者の管理者としての長年の経験から得た教訓をあちこちにちりばめてある。すでに数年の管理者経験のある人が読んでも、いろいろと示唆が得られるであろう。

　この本が、管理を体系的に理解し、管理行動の質を高めることに少しでも役立てば幸いである。

　なお、藤原英雄氏にイラストをお願いしたところ、忙しい本業の合間を縫って、楽しい絵を描いて下さった。心からお礼を申し上げる。

　　　　　　　＊　　　　　　＊　　　　　　＊

この本は1993年4月に出版してから、幸い、多くの会社で管理者研修のテキストとして用いられ、版を重ねることができた。

　このたび、経済の国際化が進む時代動向を考慮して、2回目の大幅な改訂を行ない、新装版として、発刊することになった。研修用テキストとしてのみならず、日常折にふれて読み返す本として、管理者の方々に利用されることを願っている。

　2005年5月

　　　　　　　　　　　　　　　　　　　片山　寛和

目　　次

はじめに …………………………………………………………1

第1章　管理の基本と組織運営 …………13

1　管理とは……………………………………………………14
① 管理の概念…………………………………………………14
② 管理者の役割………………………………………………15
(1) 管理者とは………………………………………………15
(2) 管理者の役割……………………………………………16
③ 業績と人間…………………………………………………17
(1) 業績の側面………………………………………………17
(2) 人間の側面………………………………………………18
④ 管理的業務と実務…………………………………………19

2　組織運営……………………………………………………21
① 組織とは……………………………………………………21
(1) 組織の定義………………………………………………21
(2) 組織の機能………………………………………………22
② 職務配分……………………………………………………22
(1) 仕事の条件………………………………………………23
(2) 個人の条件………………………………………………23
③ 組織運営の原則……………………………………………24
(1) 指令系統の統一…………………………………………24
(2) 管理範囲の限界…………………………………………25
(3) 同質的な職務割当て……………………………………25
(4) 権限の委譲………………………………………………26

- 4 責任と権限······27
  - (1) 遂行責任と結果責任······27
  - (2) 権限······27
  - (3) 三面等価······28
  - (4) 責任と権限の関係······28
- 5 責任と権限の委譲······30
  - (1) 保留と委譲······30
  - (2) 管理責任と監督権限······31
- 6 権限委譲するときの留意事項······32
- 7 組織の構造······34
  - (1) 代表的な経営組織······34
  - (2) ラインとスタッフ······35
- 8 組織の機動化······37
  - (1) 組織の硬直と機動化······37
  - (2) プロジェクト・チーム······38

第2章　管理の手順······41

1　計画······44

- 1 計画立案の手順······45
  - (1) 目的、目標を明らかにする······45
  - (2) 現状の分析······46
  - (3) 実施計画を立てる······47
- 2 関係者の参画による計画······48
- 3 良い計画の効果······49

2　指令······50

- 1 指令が備えるべき要件······50

(1) しっかりした根拠に基づいていること……………50
　　(2) 内容について双方の理解が一致すること…………51
　　(3) 状況を知らせること………………………………52
　　(4) 権力を使わないこと………………………………52
　　(5) 組織の運営原則を配慮すること……………………52
　② 指令の表現のしかた（指令の型）……………………52
　　(1) 命令——いいつける………………………………53
　　(2) 依頼——たのむ……………………………………53
　　(3) 相談——はかる……………………………………53
　　(4) 暗示——ほのめかす………………………………54
　　(5) 募集——つのる……………………………………54
3　**統制**……………………………………………………55
　① 統制の手順……………………………………………56
　　(1) 基準の設定…………………………………………56
　　(2) 測定と差異分析……………………………………57
　　(3) 是正…………………………………………………57
　② 自主統制………………………………………………58
　③ 報告の活用……………………………………………58
　④ 統制の行き過ぎと不足のもたらす結果………………59
4　**調整**……………………………………………………60
　① 調整の型（タイプ）…………………………………60
　　(1) 強制…………………………………………………61
　　(2) 妥協…………………………………………………61
　　(3) 統合…………………………………………………61
　② 調整の要点……………………………………………62
　　(1) 目的を見失わないこと……………………………62

(2) より高い立場に立つこと……………………………63
　　(3) 双方が主張、意見を十分述べ合うこと…………63
　　(4) 感情面への配慮をすること………………………63
　3 組織間の調整………………………………………………63
　　(1) 内部の意見をまとめてから、他部門との調整を
　　　する……………………………………………………64
　　(2) 調整の相手を選ぶ…………………………………64

第3章　業績の管理……………………………65

1 目標達成……………………………………………………66
　1 企業活動と目標……………………………………………66
　　(1) 目標の体系……………………………………………66
　　(2) 目標設定の効果………………………………………67
　2 適切な目標設定……………………………………………68
　　(1) 目標設定の要件………………………………………68
　　(2) 目標と方針……………………………………………70
　3 ライン目標とスタッフ目標………………………………71
　4 目標達成過程での管理者の役割…………………………72
　5 目標達成度の評価…………………………………………72

2 問題解決……………………………………………………74
　1 管理者と問題解決…………………………………………74
　2 問題とは……………………………………………………74
　3 問題の種類…………………………………………………75
　　(1) 当事者の認識による分類……………………………75
　　(2) 問題の内容による分類………………………………76
　　(3) 問題への対応のしかたによる分類…………………76

- **4** 問題解決の手順…………………………………76
  - (1) 問題の発見……………………………………77
  - (2) 問題の確定……………………………………78
  - (3) 原因の究明……………………………………79
  - (4) 目標の設定……………………………………81
  - (5) 解決案の作成…………………………………82
  - (6) 実施……………………………………………84

3 業務改善…………………………………………86
- **1** 改善とは………………………………………86
- **2** 管理活動と改善………………………………86
- **3** 改善のねらい…………………………………88
  - (1) ハヤク——仕事の処理速度を上げる…………88
  - (2) タダシク——仕事の質的な内容を向上させる……88
  - (3) ラクニ——仕事を容易にする…………………88
  - (4) ヤスク——費用を減らす………………………88
- **4** 改善の対象……………………………………89
  - (1) 組織……………………………………………89
  - (2) 仕事のしくみ…………………………………90
  - (3) 帳票……………………………………………90
  - (4) 作業環境………………………………………90
  - (5) 工程……………………………………………90
  - (6) 作業方法………………………………………91
  - (7) 仕事の手段……………………………………91
- **5** 改善の手順……………………………………92
  - (1) 改善すべき仕事の発見………………………92
  - (2) 事実の把握と問題点の摘出…………………92

⑶　改善案の作成……………………………………92
　⑷　新方法の導入……………………………………93
　⑸　フォローアップ…………………………………93
　6　革新的な改善とは……………………………………93
　⑴　メーカー側で納入品目と数量を決定…………94
　⑵　現場の小グループが独立経営…………………94
　7　改善に役立つ技法……………………………………96
　8　発想を助ける手法……………………………………97
　⑴　ブレーンストーミング（B.S.）………………98
　⑵　TKJ法…………………………………………99

第4章　人の管理……………………107

1　部下育成……………………………………………108
　1　部下育成の意義………………………………………108
　⑴　部下育成の基本姿勢……………………………108
　⑵　部下育成の2側面（OffJTとOJT）………111
　⑶　OJT実行度の診断……………………………113
　⑷　OJTの特徴……………………………………115
　2　OJTの進め方………………………………………116
　⑴　OJTの基本ステップ…………………………116
　⑵　OJTを失敗に終わらさないために…………127
　3　OJTの技術…………………………………………129
　⑴　仕事の教え方……………………………………129
　⑵　機会指導…………………………………………132
　⑶　ほめることと叱ること…………………………137
　⑷　育成面接…………………………………………140

8

(5) 学習の法則に基づいた指導 …………………………141
　2 **コミュニケーション** ………………………………………147
　　1 コミュニケーションの2側面 ………………………147
　　2 情報伝達 …………………………………………………147
　　　(1) 情報発生源としての「現場」——情報の入手 …147
　　　(2) 情報の加工 ………………………………………152
　　　(3) 情報の伝達 ………………………………………156
　　3 意思疎通 …………………………………………………162
　　　(1) その場で必要な意思疎通を図る …………………162
　　　(2) 仕事を離れてもつきあう …………………………163
　　　(3) 人の話を共感的に聴く ……………………………163
　　4 積極的傾聴 ………………………………………………164
　　　(1) 助力的人間関係 ……………………………………164
　　　(2) 助力的人間関係の基盤 ……………………………166
　　　(3) 積極的傾聴 …………………………………………169
3　**動機づけ** …………………………………………………………172
　　1 動機づけの方法 …………………………………………173
　　　(1) 目標の設定と共有化 ………………………………173
　　　(2) 参画させる …………………………………………174
　　　(3) 興味ある仕事につける ……………………………175
　　　(4) 責任を持たす ………………………………………175
　　　(5) 自由裁量 ……………………………………………176
　　　(6) 情報の共有化 ………………………………………176
　　　(7) 存在を認める ………………………………………177
　　　(8) 個人の理解 …………………………………………177
　　　(9) 達成感を味あわせる ………………………………177

- (10) 能力の活用 …………………………………………179
- (11) 向上心に応える …………………………………179
- **2** 動機づけ理論の変遷 …………………………………179
  - (1) 科学的管理法（フレデリック・テーラー）……180
  - (2) 人間関係論（エルトン・メイヨー）…………181
  - (3) 欲求階層説（アブラハム・マズロー）………183
  - (4) Y理論（ダグラス・マグレガー）……………184
  - (5) 動機づけ・衛生要因（フレデリック・ハーズバーグ）……………………………………………185
- **3** 職務拡大と職務充実 …………………………………187
  - (1) 職務拡大 …………………………………………187
  - (2) 職務充実 …………………………………………187
- **4** 動機づけを阻害する要因の除去 ……………………189
  - (1) 個人の側に起こっている阻害要因 ……………189
  - (2) 管理者が起こしている阻害要因 ………………190

4 職場の活性化 …………………………………………191
- **1** 職場の活性化とは ……………………………………191
- **2** 職場活性化の三つの要素 ……………………………192
  - (1) 構成員の能力 ……………………………………192
  - (2) 職場の仕組み ……………………………………192
  - (3) 職場の風土 ………………………………………193
- **3** 職場活性度診断 ………………………………………193
- **4** 職場の仕組みの改善 …………………………………193
- **5** 職場風土の刷新 ………………………………………198
  - (1) 良い職場風土 ……………………………………198
  - (2) 管理者の行う職場風土の改善 …………………199

第5章　管理者のリーダーシップ ……… 205

1　リーダーシップの意義 ………………………………… 206
- 1　リーダーシップとは ………………………………… 206
- 2　リーダーシップの型 ………………………………… 207

2　状況対応型リーダーシップ …………………………… 210

3　経営環境の変化への対応 ……………………………… 214

4　多様化する従業員構成への対処 ……………………… 217
- 1　若者 …………………………………………………… 218
- 2　中高年 ………………………………………………… 221
- 3　女性 …………………………………………………… 223

5　管理能力の開発 ………………………………………… 226
- 1　市場成長と管理者の能力 …………………………… 226
- 2　管理能力とは ………………………………………… 227
- 3　管理行動診断 ………………………………………… 229
- 4　管理者の自己開発 …………………………………… 232

第1章
管理の基本と組織運営

# 管理とは

1 管理の概念

　会社、官庁、団体などの人間集団の中で仕事をするとき、個人個人が勝手に仕事をしたり、成りゆきまかせで仕事をすることはありえない。そんなことをすれば、人々の力は結集されず、物資や資金がムダに使われ、集団の目的は達成できない。人々は必ず組織を作って役割分担を決めたり、計画を立てたりして、仕事を効率的に進めている。

　最善の結果を生むように、仕事を効率的に進める手段を選ぶことを**管理**（マネジメント）という。管理の方法は実に多様で、この本全体でその説明をすることになる。また、管理の対象になるものは、**人、物、金、情報、時間、空間、技術、信用**などの資源である。これらを経営資源という。

　そこで管理を定義すると、

> 　管理とは、一定の目的を達成するために、経営資源を効果的に活用する手段を選ぶことである。

ということになる。管理の定義は管理者の行動の原点である。

　管理という言葉は、実際にはいろいろに用いられている。例えば、品質管理、人事管理、原価管理、工程管理、建物の管理、職場の管理などである。これらの「管理」は、これからこの本

で述べる管理の意味の広がりの中の一部を指していることが多い。狭義の管理と言ってもいい。

ところで、管理という言葉は「管理社会」「管理教育」といった形でも使われる。この場合の管理は、「公的権力などが個人の自由を規制し、その意図通りに行動させる」ことを意味している。「管理」に悪い印象を持つ人があるのはこのためである。しかし、これから学ぶ管理は、そのような人間の操作（コントロール）ではない。経営社会における管理は、人間の尊重を基本にしなければならない。人を操作的に働かすことのみを目的にした管理は、遅かれ早かれ行き詰まり、破綻をきたす。

2 管理者の役割

(1) 管理者とは

> 管理者とは部下を通じて成果を上げる人である。

管理の内容は複雑で多岐にわたっているので、管理者を定義するのは難しいが、あえて一言で言えば、上のようになろう。

管理者が管理の対象とする経営資源は、人だけでなく、物や金や情報などさまざまなものがある。その中で人は「事業は人なり」という言葉があるように、最も重要な経営資源である。通常、人以外の物、金などを管理する者を管理者とは言わない。管理者の特徴は部下をもっており、人の管理をしていることである。

管理者は自分が果たすべき任務を、部下の働きによって完遂

する。管理者の仕事の総量は、自分一人では達成することができない。部下に働きかけ、部下に効率的に働いてもらうことによって、初めて達成できるのである。

(2) 管理者の役割

管理者と一般社員（非管理者）では、その役割に明確な違いがある。一般社員は実務担当者として、自己に割当てられた仕事について、所定の量、質、時間、原価を達成するよう正確に遂行すれば、それで自己の役割を果たしている。仕事の種類は限られており、決められた範囲の仕事を良心的にやればいいといえる。

管理はバランスよく

しかし、管理者になると、ある集団の長として集団全体に目

配りし、集団構成員（部下）がそれぞれの担当職務を完遂するとともに、部下が協力して、効果的、経済的に集団の目標を達成するよう働きかけなければならない。そのため管理者の仕事の種類と範囲は飛躍的に増大するのである。

管理者の役割を概観してみよう。

役割は大きく二つの側面に分けることができる。一つは経営の目的から分化され、個々の組織に割当てられた目標を達成するために効率的に部下を動かし、売上高、生産高などの成果を上げることである。これを**業績の側面**という。

もう一つは、部下の職務能力を高めるために指導育成をしたり、それぞれ異なる欲求、感情をもつ部下一人ひとりに配慮し、部下の意欲を高め、良い雰囲気作りをすることである。これを**人間の側面**という。

3 業績と人間

(1) 業績の側面

① 目標の達成

管理者は自分の預かっている組織の目標を達成するために、下位目標や方針を設定し、実施計画を立てる。そして、部下に仕事を割当て、作業指示を与え、計画通り運ばないことがあればその対策を立てる。

必要に応じて、次のような管理行動をとり、エネルギーを業績達成に向けて集中させる。

- 部下個人個人の目標を部下と話し合って決める
- 仕事の進捗状況について部下に報告を求める

- 範を示すため、自分が先頭に立って仕事をする
- 部下を叱咤激励する
- 作業標準や職場のルールを守らせる

② 仕事の改善

経営は顧客のニーズに応え、市場の変化に適応し、社員の幸福を増進するために、付加価値を高め続けなければならない。経営の一端を担う管理者には、現状に満足することなく仕事の効率を高め、より大きい成果を継続的にあげることが期待されている。そのために管理者は将来に向けて問題を発見し、現状の改善を工夫して、職場の改革の推進者になるべきである。

(2) 人間の側面

① 職場の活性化

部下は一人ひとり違った個性をもっている。すなわち、欲求も感情も能力も異なる。欲求をとってみても、「能力を十分に発揮したい」「能力を高めたい」「プライドを満足させたい」「仲間と楽しく仕事をしたい」「高い報酬を得たい」「自由に休暇がとれるようにして欲しい」など、さまざまなものがある。管理者は、このように個性をもった人々が共通の目標に向かって協力し合う状態を作り出す必要がある。部下の人格を尊重し、相互の人間関係を良好に保ち、職場の雰囲気を明るくなごやかなものにして、仕事への意欲を高めて行くことが求められる。

② 部下の育成

部下は初めから一人前の仕事をする能力をもっているわけではない。半人前またはそれ以下の部下には仕事の指導をし、当面の仕事が一通りこなせるようにする必要がある。さらに、部

下がどういう仕事に興味や関心を持っているか、どのような長所があるかを見極め、より高度の仕事ができるようにその能力を開発するのも管理者の重要な役割である。

管理者の役割を図にまとめると、次のようになる。

管理者の役割

	業績の側面	人間の側面
維持	目標の達成	職場の活性化
改善	業務改善	部下の育成

4 管理的業務と実務

管理者の役割を考える場合に"管理者は部下を通じて成果を上げる"ということを忘れてはならない。管理者が遂行すべき仕事の総量は一人で達成することができないからこそ、部下が配置されている。そこで、管理者は一担当者として直接実務をすることよりも、部下を自分の期待した方向へ動かすために、仕事の計画や指令をしたり、部下の指導をしたり、動機づけをしたりすることに、より多くの時間を割かなければならない。

場合によっては、自分が直接手を下してするほうが、部下にやらせるよりも上手に早くできる仕事でも、管理者がやってはならないことがある。管理者がやってしまうことによって、部下がその仕事に習熟するチャンスを奪ってはいけないし、自分

が実務に時間をとられるために、管理の仕事に十分時間を割けない結果になってもよくないのである。

　管理者は自分が管理している組織の状況に対応して、管理的業務と実務との時間配分を決めなければならない。

　例えば、何十人あるいは100人を超えるような部下を持つ管理者は、管理的活動が大半を占めるであろうし、よく訓練されている数名の部下を持つ管理者は、自分固有の業務を担当している時間が多くて、管理活動は少なくてすむであろう。販売部門の管理者が目前の目標達成のために、これではいけないと知りつつも、セールスマンの指揮、指導には目をつぶって、大口需要家への売り込みに多くの時間を使うこともある。

　ただし、自分が一般社員の時代から手がけて熟達しているという理由から、実務を握り込んで部下に渡さないということはしてはならない。「管理業務が不得手だ」「部下を扱うことが苦手だ」という管理者は、こういうことをやりがちである。これでは管理しない管理者になってしまう。管理が不得手でも、管理者になったからには、管理を学んで、優れた管理者になることを目ざすべきである。

2 組織運営

1 組織とは

(1) 組織の定義

　仕事を一人でしているうちは、組織はいらない。一人ではなしえない大きな仕事をするようになると、全員が同じ仕事をするより、各人の役割を決め、分業化したほうが効率的に成し遂げることができる。二人以上の人が役割分担をしたときに組織が生まれる。

　今は何千人、何万人の社員のいる大企業も、創業のときは創業者が何もかも一人でやっていたという事例は多い。事業が大きくなって家族を手伝わせたり、社員を雇ったりして仕事を分割し、さらに発展して多数の人が分担しないとできないほどの事業規模になったのである。現代の大企業の組織はきわめて複雑であるが、どんな組織もその基本的な機能（働き）は役割の分担である。

　組織をあらためて定義すると、次のようになる。

　組織とは効果的に目的を達成するために、さまざまな役割機能をもった人間を組み合わせた体系である。

　組織は企業に限らず、官庁や団体（農業協同組合、労働組合、○○委員会、○○協会など）にも存在する。二人以上の人が集

まって仕事をするところには、必ず組織があるといっていい。

(2) 組織の機能

組織は、役割の分担という基本機能に付随して、次のような機能を持っている。組織の長である管理者は、これらの機能がよく発揮されるように管理活動をしなければならない。

① 組織は構成員を共通目標の達成に向けて動機づけ、協力させる。
② 組織は構成員間のコミュニケーション（情報伝達と意思疎通）を容易にする。
　（組織の構成が不明確であると、コミュニケーションは不十分となり、構成員の行動がばらばらとなって統一がとれなくなる）
③ 組織は業務を遂行する上で必要な権限や責任を明らかにし、組織の長と構成員との関係を明確にする。
④ 組織は細かく分けられた仕事を全体的な立場から調整し、構成員の意見対立による仕事の停滞を防止する。
⑤ 組織は構成員共通のルールを設定し、構成員を働きやすくする。

2 職務配分

管理者は自己の組織の目的から割り出された業務を分割して、構成員（部下）に配分する。つまり、仕事を割り当てて、役割分担させる。これを職務配分という。職務とは特定の個人が担当する一人分の仕事である。職務配分をするときに注意するこ

とは、合理的な配分にのみとらわれて、構成員を機械の部品のように取り扱わないようにすることである。構成員は意欲も感情もある人間であり、それを無視して、いかに合理的な職務配分をしても、組織は機能しない。業務の能率的な遂行と人間の意欲、感情との調和を図ることが肝要である。

かつては、目標を達成するためには個人の欲求を抑え、個人の欲求を満たすためには目標達成を犠牲にしなければならないと考えられていた。しかし、現代の組織運営においては、両者を統合して人間の欲求を満たしつつ、組織目標を達成する方法が模索されている。

二つの側面を同時に満たすことは容易ではない。だが、二者択一になることなく、この矛盾しがちな両側面の統合を図ることが、管理者の課題である。

職務配分をするとき、管理者はあらかじめ次の条件を把握しておく。

(1) **仕事の条件**

① 業務内容

仕事の種類、処理量、準拠する基準、要求される精度、定常的反復業務か否か、重要度、緊急度、責任の度合など

② 必要とする能力

知識、技術、熟練、資格、対人関係能力など

(2) **個人の条件**

① 知的、身体的熟練

専門知識、実務知識、技術、技能、取得資格など

② 対人関係能力
感受性、説得力、協調性、意思疎通など
③ 性格的要件
性格、価値観、興味、意欲など
④ 属人的要件
年齢、性別、経歴、家族状況など

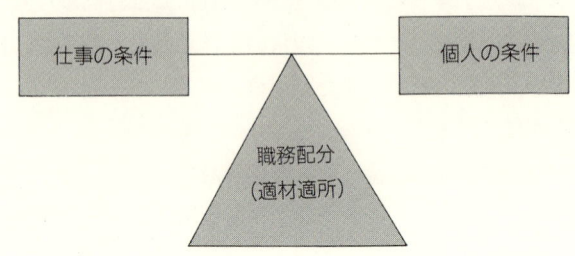

3 組織運営の原則

　管理者が組織を秩序正しく維持・運営して行くために守るべき原則は数多くある。その中で特に重要な原則は次の四つである。

(1) 指令系統の統一
　部下が直接指令を受ける上司は一人である。

　この原則は、ワンマン・ワンボスの原則ともいわれる。一人の部下の上司は一人であり、指令と報告の経路は1本でなければならない。部長が課長をとばして直接係長に業務の指示をしたりすると、係長にとっては二人の上司から指令が来ることになり、どちらを優先してよいか困惑する。こういうことが頻繁

に起こると、組織活動は混乱し、業務の遂行が阻害される。

しかしながら、現実は状況の変化が激しく、その変化に速く適応することが求められているので、この原則を守れないことがある。通常の経路を外す場合は、だれがだれに指令し、だれがだれに報告するかをあらかじめ当事者同士で取り決め、摩擦や情報遮断が起こらないようにする。

(2) 管理範囲の限界

管理者が直接管理できる人数には限界がある。

管理する人数が限度を超えると、指令や統制に支障が生じ、情報交換と意思疎通の機会が減少する。では、部下の数は何人が適当かとなると、明言するのは難しい。ただ経験的にみると、管理部門、技術部門などでは6～7人まで、標準化された作業の職場では15～16人までといえる。

管理可能な人数は次のような条件によって変わってくる。
- 部下の業務内容(複雑か単純か、専門的か、業務処理方法が標準化・定型化されているか非定型かなど)
- 部下が一カ所にいるか、分散しているか

部下の人数が管理可能な範囲を超えた場合は、組織を分割して、管理者をふやす（一つの係を二つの係にする）か、組織の階層を1段階ふやす（一つの係の中に二つの班を設ける）必要がある。

(3) 同質的な職務割当て

特定個人へは、同質的な（同じ種類で、同じ能力が要求される）職務を割り当てる。また、部下同士の職務を不必要に重複

させない。

　異質な、関連のない、複数の仕事を雑多にとり混ぜて分担させると、部下は多面的な仕事をただこなすだけとなり、専門化による能率の向上が図れない。部下を便利屋に使い、こまぎれの仕事をさせていると、部下は仕事を通じて能力を伸ばすことができず不満を抱く。

　また、職務を不必要に重複させると、部下は「自分の仕事だ」という自覚が乏しくなり、責任感をなくすことにもなる。

　もっとも、この原則はあまり徹底しすぎると、専門化と同時に単純化が起こって具合が悪い。部下はごく狭い範囲の仕事に習熟はする。しかし、職務は単純な仕事の繰り返しとなり、幅広い経験ができず、単調感からかえって動機づけが失われてしまう。

　管理者は同質性を基本にしながら、適度の異質性と広範さを折り込んで部下の職務を設計する必要がある。

(4)　権限の委譲

　部下に仕事を与えるときは、その仕事にふさわしい権限を与える。

　権限とは自分の判断でものごとを決める自由裁量権である。組織構成員は大きい小さいの差はあれ、何らかの権限をもっている。この権限が仕事に比べて小さいと、何をするにも自分で決められず、いちいち上司の判断を仰がなければならない。これでは仕事は円滑に進行しない。したがって、部下に仕事を遂行させるためには、それに相当する権限を与える。

　権限の委譲は非常に重要なので、後に詳しく説明する。

4 責任と権限

(1) 遂行責任と結果責任

責任は**遂行責任**と**結果責任**に分かれる。遂行責任とは職務のことであり、個人がなすべき任務そのものである。言いかえれば、組織の構成員一人ひとりに割当てられた経営活動の一部分である。

結果責任とは、なすべき任務が完全に遂行されないときに、その結果について補償したり、制裁を受けたりすることである。「失敗の責任を取る」というときの責任は、この結果責任のことである。

(2) 権限

権限とは自由裁量権であることはすでに述べた。権限は公式権限と実質権限に分けることができる。

① 公式権限

職務権限規程などによって、組織の長に公式に与えられる決裁権、承認権、命令権など。この権限は部下に委譲することはできない。

② 実質権限

経営資源の使用権と自己の判断による決定権。部下に委譲できるのはこの権限である。

　　ⓐ経営資源の使用権

設備、装置、備品が使える、資材が使える、金が使える、自分および他の組織構成員の時間が使える、情報やデータなどの

資料を使える、物を置く場所を使えるなど。
　ⓑ自己の判断による決定権
　1日のスケジュールを決められる、計画を立案できる、手順、方法を決められる、相手に話す内容を決められる、使う資料を決められるなど。

(3) 三面等価

　責任と権限は大きさが等しいことが原則である。責任が権限に比べて大きすぎると、仕事がやりにくい。責任より権限が大きいと、誤った権限の行使によって組織が混乱する。
　遂行責任、結果責任、権限は相互に見合った大きさでなければならない。これを三面等価と呼んでいる。

遂行責任、結果責任、権限の三面等価

権限　　　　　　　　　　遂行責任

結果責任

(4) 責任と権限の関係

「責任が重い割に権限が小さい」という声を耳にすることがある。たしかに、権限があまりないのに次々と仕事が与えられて責任が重くなるというアンバランスは、ときどき組織の中で発

生する。

そのときの個人の態度としては、「それは自分の責任ではない。権限のない仕事は引受けられない」と言って断るか、「相手は無理を言っている。だが、だれかがこの仕事をやらなければならない。思い切ってやってみよう」と考えて、引き受けるかであろう。

こういう場合は、より大きな責任を背負うべきである。初めは権限がなくとも苦労して仕事を成し遂げれば、力量がつく。力量がつけば上司は権限を与える。権限は能力の伸びに応じてついてくる。必要な権限は自ら獲得するものである。

三面等価がくずれる

権 限　　遂 行 責 任

結果責任　　権限以上の責任

より大きな責任を引き受ける前は、三面等価であったとすると、引き受けた直後は上図のようになり、三面等価は崩れる。

力量がつき大きな権限を獲得すると、より大きな三面等価が実現する。現在の立場や保有する権限にこだわって、責任を引き受けない人は、仕事を通じて能力を伸ばすことができない。伸びる人は権限以上の責任を、むしろ自発的に引き受ける。

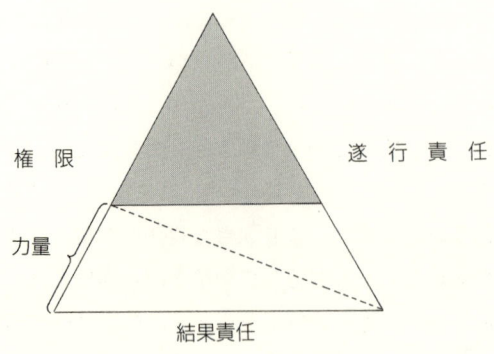

より大きい三面等価

5 責任と権限の委譲

(1) 保留と委譲

ある組織の仕事は、すべてその組織の長である管理者がいったん引き受ける。したがって、責任も権限もすべて管理者がもっている。しかし、管理者は一人では仕事を遂行できないので、仕事を部下に分担してもらう。つまり責任を委譲するのであるが、そのときには、その仕事を遂行するのに必要な権限をあわせて委譲する。

責任は簡単に渡せるが、権限はなかなか渡しにくいものなので、管理者は努めてそうしようと心がける必要がある。

といっても、すべての責任と権限を部下に委譲できるわけではない。そんなことをすれば管理者は不要になってしまう。管理者には部下に委譲できない責任と権限、つまり管理者自身がやる仕事が必ずある。これを保留責任、保留権限という。

2 組織運営

保留と委譲

自分がやる仕事 (保留責任、権限)
部下にさせる仕事 (委譲責任、権限)

} 仕事の総:

(2) 管理責任と監督権限

　管理者は「責任とそれに必要な権限を委譲する」と述べたが、ここでいう責任とは遂行責任である。**結果責任は委譲できない**。仕事の結果に対する責任は管理者が自分の上司に対して負っているものである。

　管理者は部下に仕事を割り当てるだけでなく、その仕事が適切に遂行されるように、部下を管理しなければならない。これを管理責任という。

　その管理責任を負うために与えられた権限が監督権限である。監督権限を行使することは、必要に応じて報告を求めたり助言したり指導していくことである。

　以上の関係を図に示すと32ページの図のようになる。

　一方、権限を委譲された者（部下、受命者）は委譲者（上司、命令者）に対して報告するのは義務である。

　すなわち、上司は管理していくためには、必要な情報（報告）がないと責任がとれないから、監督権限をもっているのである。

管理責任と監督権限

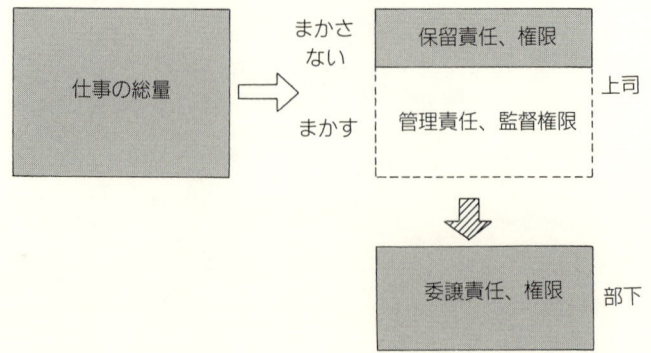

部下は自分の仕事の結果について上司に責任をとってもらうのであるから、上司が管理するために必要な情報を流す（報告する）のは義務なのである。

管理者は日頃から、報告のもつ意味合いを正しく部下に認識させておくことが大切である。

6 権限委譲するときの留意事項

人は一般に指図されたとおりロボットのように動くのでなく、自分の裁量で仕事をしたいと考えるものである。上司からこまごまと指示を受け制約されていると、仕事に対する意欲と当事者意識は生まれにくい。権限委譲によって、部下に、自分の判断で仕事を進め、創意工夫をする機会を与えるのが管理者の努めである。

権限を委譲するに当たっては、次の点に留意する。

① 権限は意識して渡そうとしないと、つい自分が握り込んで離さないようになりがちである。

② 部下は仕事を通じて育つ。育成の見地から、多少危なっ

かしいと思っても、思い切って任せる。
③　委譲したあとは適宜報告を求め、仕事の進行状況を常に把握する。

権限を委譲しない上司

④　権限委譲にはリスクが伴うものである。思い切って任せたが、うまくいかなかったというときは、部下の失敗の責任は自分がかぶる。また失敗の原因を共に考え、次の成功へつなげる。
⑤　権限委譲が時期尚早と思われるときは、ためらわずに元に戻す。
⑥　権限を委譲する良い方法は、期待する結果を示して、その結果を達成するための方法は干渉せず一任することである。

7 組織の構造

(1) 代表的な経営組織

組織には仕事の分割体系という側面と、共通の目標で結ばれた人間の集団という側面があり、両者を統合する形がとられている。

現実の企業は多様な組織構造を採用しているが、代表的な構造は次の三つである。

① 職能別（ライン、スタッフ）組織
② 事業部制組織
③ マトリックス組織

① 職能別組織

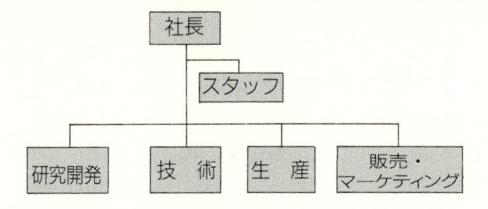

```
            社長
             │
           スタッフ
             │
  ┌──────┬──────┬──────┐
研究開発  技術   生産  販売・マーケティング
```

② 事業部制組織

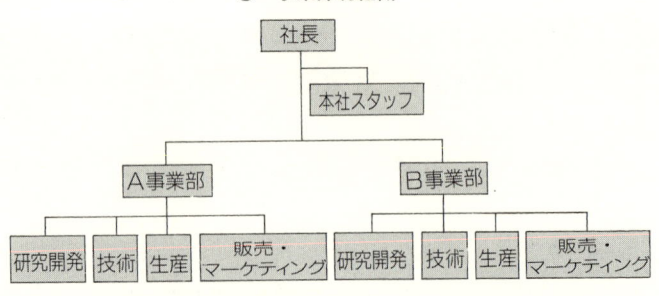

```
              社長
               │
            本社スタッフ
               │
        ┌──────┴──────┐
      A事業部          B事業部
        │                │
  ┌──┬──┬──┐      ┌──┬──┬──┐
研究 技術 生産 販売・   研究 技術 生産 販売・
開発          マーケ   開発          マーケ
              ティング                ティング
```

③ マトリックス組織

```
                        社長
                         │
                      本社スタッフ
      ┌──────────┬──────────┬──────────┬──────────┐
                研究開発    技術      生産    販売・
                                              マーケティング
  ─A事業─────□─────────□─────────□─────────□──
  ─B事業─────□─────────□─────────□─────────□──
  ─C事業─────□─────────□─────────□─────────□──
```

(2) ラインとスタッフ

ラインとは企業本来の目的を直接的に遂行する部門である。販売とか製造がこれにあたる。スタッフとはラインが効果的に業務遂行できるように助言、援助、指導する部門である。経理、人事、資材などがこれに該当する。

スタッフはこのような全社的なレベルのものだけでなく、一つのライン部門の中にも存在する。例えば、製造部の中に製造技術課、生産管理課などがある場合、これらの課はスタッフである。

ラインとスタッフ

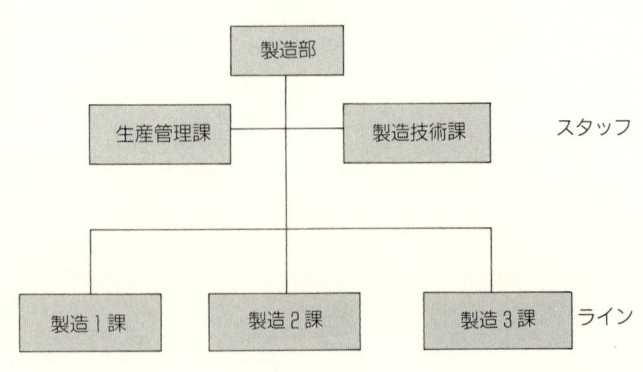

```
                    ┌─────────┐
                    │  製造部  │
                    └────┬────┘
            ┌────────────┴────────────┐
      ┌─────┴─────┐             ┌─────┴─────┐
      │ 生産管理課 │             │ 製造技術課 │     スタッフ
      └───────────┘             └───────────┘
            │
   ┌────────┼────────────────┐
┌──┴───┐ ┌──┴───┐        ┌──┴───┐
│製造1課│ │製造2課│        │製造3課│         ライン
└──────┘ └──────┘        └──────┘
```

　スタッフはラインに対して直接命令する権限がなく、助言、援助をする立場に立っている。しかし、助言の内容が知識的、技術的に専門化してくると、ラインはスタッフの意向に反する行為はできなくなり、助言はほとんど命令と同格になる。専門的機能を発揮してスタッフがラインを動かす力を職能的権限という。

　ラインとスタッフの関係が良好に保たれている場合は、両者は組織の目的の達成に向かって力を合わせることができ、命令系統に混乱を起こすことはない。しかし、いったん両者の関係にヒビが入ると、ラインとスタッフの間の命令系統は混乱し収拾がつかなくなる。ラインは「スタッフが横暴で、机上プランを押しつける」と非難し、スタッフは「ラインが頑固で現状に固執する」と文句を言う。お互いの歩みよりが必要である。

　ラインはスタッフが多くの情報や知識を持っている問題について、進んでスタッフの参画を求める態度をとるべきである。スタッフはラインの実情をよく知り、実態に合う企画立案や助

言をして、ラインに喜ばれるようにすべきである。

8 組織の機動化

(1) 組織の硬直と機動化

　企業の規模が大きくなると、組織運営が硬直しやすい。硬直の例をいくつか見てみよう。

① 　小さな商店で店員が休んだら、店主の夫人など、ふだんは店頭に立たない人が店に出て代わりをする。ところが会社が大きくなると、社員が休んでも、臨時にその代わりを務める人はいない。顧客から問い合わせの電話が入っても、「担当がいないから、明日まで待ってください」と当然のように言っている。顧客がよそへ逃げてしまっても、自分のふところは痛まないので平気である。

② 　A課が急に忙しくなって、人手が足りなくなった。B課は多少人員に余裕がある。A課長は人を貸して欲しいとB課長に申し込んだ。B課長はいろいろ理由をつけて断った。本心は自分のところが忙しくなったときに、返してもらえないことを恐れたのである。「自分のところは暇だと思われるのもいやだ」という思惑もあった。仕方なくA課長は人事部へ増員要求を出した。

③ 　C君は優秀な社員で、D課長の片腕と言われている。同じ仕事をもう5年もやっているので、幅広い経験をさせるために他の職場へ移してはどうか、と人事部がD課長に打診した。D課長は「人材育成の見地からすれば、彼を異動することが彼のためになる」と知りつつ、「彼をとられると、

自分の課の業務がとどこおる」と言って断った。
④　急に飛び込みで大量の注文が入った。営業部門は色めき立って製造部門に増産を要求した。製造部門は急いでスタッフ部門に資材や人員の手当てを依頼する。ところがスタッフ部門は「そんなに急に言われてもどうしようもない」と取りあわない。仕事の流れはここで止まる。利益を上げる機会を逸しても自分の給料が減るわけではない。

以上の例のように、組織の硬直とは、組織の構成員が自分の都合を優先して、顧客を忘れたり、企業全体の運営最適化にまで思い至らなかったりすることである。組織の硬直は、組織が大きくなると多かれ少なかれ必ず起こる。官庁の組織運営が「お役所仕事」、「官僚化」と批判されたり、大企業の組織が「大企業病にかかった」と揶揄されたりするのはこのためである。

現代の企業の経営環境は激しく変化しているから、組織の硬直を放置しておいたのでは、たちまち経営資源の無駄使いが起こり、業績が悪化する。組織の硬直は知らないうちに忍び寄ってくるものである。管理者は硬直の兆しに目を光らし、少しでもそれが認められたら、直ちにつぶして組織運営を柔軟に保つよう心がけるべきである。

このような組織の硬直を避け、組織を柔軟に運営する方法として、機動化がある。機動化とは組織の階層の短縮、プロジェクト・チームの編成などによって、組織構成員の活動が組織の壁に妨げられないようにすることである。

(2) **プロジェクト・チーム**

プロジェクト・チームは組織機動化の有力な方法である。プ

ロジェクト・チームとは、特定の任務の遂行、課題の解決を目的として、全社的に、または部門内で横断的に編成された臨時の組織である。

プロジェクト・チームという組織の特徴と運用上の留意点は、次のようなものである。

① 目的の明確化

特定の目的（例えば、新製品の開発とか新工場の設立といったもの）を中心に組織が作られる。

② 横断的なメンバー編成

プロジェクト・リーダーやメンバーは、最も適任の者を目的に合わせて、一つの部門からだけでなく、また上下の関係なく、社内全体から集め、横断的にメンバー編成する。

③ 権限の明確化

プロジェクト・チームは企業内の一つの責任・権限の単位であり、チームリーダーには大幅な権限が委譲される。

④ 期間の限定

恒久的な組織ではなく、プロジェクトの期間だけの一時的な組織であり、任務が終われば直ちに解散する。

⑤ 二重籍

メンバーは原籍とプロジェクト・チームと二重の組織に所属することが多い。この場合、プロジェクト・チームの仕事を優先するのが原則である。

⑥ 本籍地における評価

メンバーのチームにおける業績はチーム・リーダーが原籍の上長に報告し、原籍の上長が最終的に昇給、昇進の考課を行う。

第2章

管理の手順

一般に仕事は、**計画**を立て (Plan)、**実行**し (Do)、その結果を**検討**する (See) という三つの段階を踏んで行われる。職場における仕事であろうと、家庭における仕事であろうと、また大きく会社全体の経営という仕事をとって考えてみても、この三つの段階を経てすすめられることに変わりはない。効率的に行動し、良い成果をあげるためには、この**Plan－Do－See**の段階を意識的に、確実に踏む必要がある。これを**マネジメント・サイクル**という。

マネジメント・サイクル

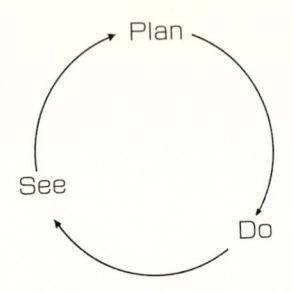

```
      Plan
   ↗       ↘
  See      Do
     ↖  ↙
```

このマネジメント・サイクルを管理者の立場からみると、①**計画**を立て、②それを実行するよう部下に**指令**し、③結果を検討して計画と実行のズレを修正するという**統制**行動をとり、同時に、④仕事が円滑に運ぶように関係者と意見の**調整**を図る、という流れになる。

管理の4つの機能

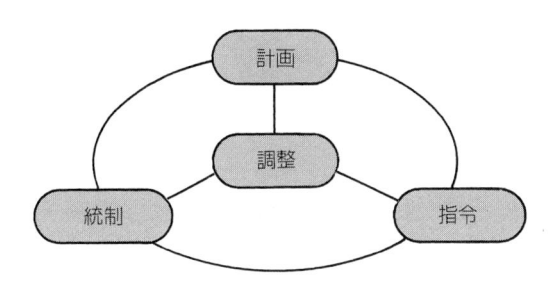

```
        ┌──────┐
        │ 計画 │
        └──────┘
        ┌──────┐
        │ 調整 │
        └──────┘
┌──────┐        ┌──────┐
│ 統制 │        │ 指令 │
└──────┘        └──────┘
```

　管理者はこのマネジメント・サイクルを回しながら、全体を振り返り、次のサイクルがより良いものになるよう努力しなければならない。マネジメント・サイクルでは初めが肝心である。すなわち計画が万全であれば、実行の成果も上がり、統制に要するエネルギーは少なくてすむ。逆にいい加減な計画で出発すると、実行の成果は上がらないし、点検や手直しに時間がかかり、調整に忙殺されることになる。

マネジメント・サイクルの成長

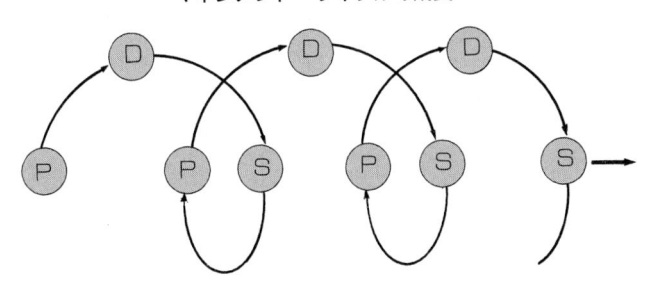

1 計　　画

> 　計画とは、組織の目標を達成するために将来の行動を今決めることである。

　計画は仕事の出発点であり、成果に大きく影響するので、管理の諸機能の中でも最も重要な機能である。良い計画ができれば、仕事は半分以上終わったといっても過言ではない。「段取り八分」と言われるのはこのためである。

　ところが、日本の企業では、計画を綿密に立てないで走り出すことが多い。詳細な計画を作っても、状況が変わればすぐ計画を立て直さなければならないから、最初にあまり綿密な計画を立てても意味がないと思うのであろう。たしかにこれは一部の長期的計画については当てはまる。

　計画には、中・長期経営計画、年間計画のような長期計画もあれば、月次計画、週間日程のような短期計画もあるし、個々の仕事に対する段取りのような個別計画もある。

　これらの計画のうち、短期計画や個別計画には「先へ行って状況が変わるから、今詳細に計画しても意味がない」ということは当てはまらない。特に個別計画は、事前の段取りをしっかりするほど、あとの段階が楽に進み、修正行動に走りまわることもなく、全体の効率が上がるのである。

　三洋電機の後藤清一氏の著書によると、同氏は工場長をして

1　計　画

上司の計画が悪いと……

いた時代、きちんとした後片づけの計画がない行事は許可しない方針だった。毎年夏になると工場内で夏祭りをやり、盆踊りや夜店が盛大で、ある年などは、招いた市民を含め2万人もの入場者を数えたが、後片づけは40分で終わってしまった。資材も、保存するもの、廃棄するものが前もって決められており、置き場も担当者が計画書に記入していたという(『立ったら歩きなはれ』PHP文庫)。

　個人の私生活なら、少々の手順前後によって時間のムダをしても、個人が忍べばすむことである。しかし、企業内の管理者が無計画では、職場が混乱し部下が迷惑する。

1 計画立案の手順

(1) **目的、目標を明らかにする**

計画を立てるに当たって、まず大切なことは、組織全体や上位者の目的、目標や方針をつかむことである。その上で自分の部署または自分の業務の重点課題を明らかにする。重点課題が決まったら、自分の部署の目標を立てるが、目標はできるだけ定量化することが望ましい。

 なお、目的、目標、方針を定義しておくと、

 ①**目的** 期待する最終結果
 ②**目標** 到達すべき地点を具体的に示したもの。目標は複数設定されるのが普通である。それらの目標をすべて達成すると、目的が実現する

```
        ┌ 目標A
目的 ┼ 目標B
        └ 目標C
```

 ③**方針** 反復的に起こる状況に適用される持続的な決定。行動の方向づけ、諸条件の限定、取るべき手段(方法)の明確化などが方針に相当する。

(2) **現状の分析**

① 事実をつかむ

 現状がどうなっているかを正確につかみ、それを基礎に計画を立てる。必要な情報、データ、資料などはもれなく収集する。管理者は会議に出席したり、上役や関係者と接触したり、報告書や専門誌紙を読んだり、部下と話したりして、たえず自分の仕事に関する最新の情報を手に入れるようにする。

 一般的に、都合の悪い情報は上位の方向には届きにくい。管理者に傾聴(後に詳しく述べる)の姿勢が望まれる。

1 計　画

目標の設定

② 事実について考える

集めた事実を整理、分析し、総合する。ここでは、将来の変化、変化の傾向は連続的か断層的か、不確実性などの予測が重要である。必要な情報が完全に収集できることは、おそらくないであろうから、事実と事実の関係から隠れている事実を推定し、予測につなげる。

(3) **実施計画を立てる**

5W2H（ナゼ、ナニ、ダレ、イツ、ドコ、ドノヨウニ、ドノクライ）を念頭において、具体的に実施の手順や日程を決める。実施計画には次のものが含まれる。

①**手順**　手順が前後すると余計なエネルギーを費やすことになる。時間的な流れに沿った仕事の順序をよく練る。

②**方法** 多種多様なやり方の中から、最適の方法を選択する。従来のやり方で達成できないものは、新しいアイデアを出し、実行可能な方法に作り上げる。

③**日程** いつまでに完了するか、また途中の時点ではどこまでやっておくかという日程。

④**守るべき取り決め事項** 規則、基準、手続き、予算などを確認し、それに沿って仕事を進められるようにする。

2 関係者の参画による計画

人間は他人が計画したことを決められた通りにやるだけでは意欲が湧かない。計画立案に自分が参画していれば、それは自分が決めたのだという気持ちが生まれ、実行への強い動機づけとなる。管理者の計画は、部下によって実行されるのであるから、できるだけ部下を計画立案に参画させ、理解・納得させることが必要である。部下を参画させれば、部下のアイデアや意見を引き出すことになり、計画の質を高めることにも役立つ。

部下を計画立案に参画させるときは、次の点に留意する。

① 自由に発言できる雰囲気を作り、部下と対等な立場で討議しながら案を練る。ただし、最終的な決定は管理者が行う。

② 形式的な参画にならないようにする。すでに管理者が結論をもっていて、形だけ皆の意見を聞くのでは、部下は「どうせ意見を言ったって結論は変わらない」と思って、積極的に発言しなくなる。これでは逆効果で、部下の意欲は出ない。

1　計　画

部下の参画

3 良い計画の効果

管理者が良い計画を立てれば、次のような効果が期待できる。
①　効率的な仕事ができ、経営資源の無駄がない。
②　部下が意欲的に仕事に取り組む。
③　仕事が着々と進むため、管理者は気持ちに余裕が生まれ、将来に備えたり、全体に目配りすることができる。

以上のような効果があるので、計画を立てるために時間を惜しんではいけない。計画に費やした時間は無駄にはならない。
5分間の計画は5時間のやり直しを防ぐ。

2 指令

> 指令とは、部下に仕事を遂行するように伝えることである。管理者は、自ら実行するのと同じ意欲と考え方で、部下が実行するよう、その行動に影響を与えなければならない。

指令は単純に「これをしなさい」「あれをしなさい」と部下にいいつけるだけのものではない。部下との間で十分な意思疎通をはかり、理解、納得させ、部下の積極的な行動を引き出す必要がある。つまり、**指令は動機づけである**。管理者がどんなに良い計画を立てても、それを実行する部下が意欲的に仕事に取り組まなければ、目標は達成されないことになる。

1 指令が備えるべき要件

指令は、自分の行動は自分で律したいという、人間本来の欲求と対立する要素を持っている。この矛盾を乗り越えて指令が機能するためには、さまざまな要件を備える必要がある。それは以下のようなものである。

(1) **しっかりした根拠に基づいていること**

指令するときは、次の事項を考慮する。いい加減な指令をし

て、あとで訂正するようなことは避けるべきである。

① 上位者の方針にそっているか
② 計画に基づいているか
③ 関係する事実をつかんでいるか
④ 自分の責任と権限の範囲内のことか

(2) 内容について双方の理解が一致すること

指令の内容が部下に別の意味にとられることがある。内容を確実に伝えるために、次の点に留意する。

① 5W2Hでもれなく伝える

結果だけ示して目的、納期、とるべき手段、方法を示さないと、部下が期待通りに動いてくれないことがある。

② 相手に質問や復唱をさせる

一方的な内容伝達は理解が不十分になりやすい。質問ができないと部下は自分流に解釈して仕事をする。質問のみでなく、相手に意見を言わせることも必要である。

③ 相手に理解できる言葉で

部下がまだ仕事に慣れていないときは、特に専門用語、業界用語、社内用語に注意する。理解できないときは、前項同様に自分流の解釈をする。

④ 一度にあまり多くの内容を盛らない

内容が多すぎると、あとで全部思い出せない。部下は内容を簡略化してしまう。やむをえずたくさんの内容を伝えるときは、内容を区切って、要点は強調するとよい。

以上内容を確実に伝えるための留意点をあげたが、これらは

コミュニケーションの基本である。指令に限らず組織の中の情報伝達には、これらの留意点がすべてあてはまる。

(3) 状況を知らせること

遂行する仕事だけを伝えるのでなく、背景となっている事実、現在おかれている状況を知らせる。例えば、何か問題が起こったのなら、その問題の内容を隠さずに伝える。部下はそれを知って何をすべきかを悟り、自分から動き出すこともある。**状況は人を動かす。**

(4) 権力を使わないこと

組織上の上司は部下に対して命令権を持っている。これが権力である。たいていの人間は、地位・肩書きなどによる権力で命令されると反発をおぼえ、抵抗するものである。

(5) 組織の運営原則を配慮すること

① 指令系統の統一

この原則は、指令の経路を示す。

② 権限委譲

指令の内容には、その指令を遂行するのに必要な権限が含まれていなければならない。また、創意工夫と自由裁量の余地を与えることが良い結果を得る。

2 指令の表現のしかた（指令の型）

指令は自分の意図を相手に伝え、行動を起こさせることであ

2 指令

るから、単にその内容を正確に伝えるだけでなく、相手を動機づけるように表現方法を工夫する必要がある。「ものも言いようでかどが立つ」の言葉どおり、表現のしかたで相手の受け止め方に違いが生じる。

指令の表現方法は、そのときの状況、業務内容、部下の成熟度や意欲によって変わってくる。表現のしかたをいくつかの型に分けて考えてみよう。

(1) **命令**——いいつける

指示した通りに行わせる。原則として、相手は意見を述べることはできない。自由裁量の余地はない。次のような場合に用いる。
- 非常、緊急の場合
- 厳格な統制を必要とする場合

(例)「重大クレーム発生だ。すぐ、お客さんのところへ伺って対応するように」

(2) **依頼**——たのむ

依頼の形を取っているが、当然受けてもらう。相手は意見を述べることができる。多少自由裁量の余地がある。
- 通常の業務の場合

(例)「こんどうちの職場にくる新入社員の指導を君やってくれないか」

(3) **相談**——はかる

相手の意見を聞いた上で決め、それを実行させる。相手はなかば自分の意思で仕事をする。
- 相手の意欲を引出す場合

- 相手のほうが、より多くの情報を持っている場合
- 相手の育成を意図する場合

(例)「この件について、部長にプレゼンテーションするのだが、君ならどうやるかね」

(4) 暗示——ほのめかす

はっきり指示するという形をとらず、ヒントを与えるだけで、相手が自分の発意で仕事をすることを期待する。

- 相手の能力が高く、積極性もある場合
- 相手の育成と自主性の向上を狙う場合

(例)「この書式を変えたら、もっと使いやすくなりそうだね」

(5) 募集——つのる

特定の者を指名せず、だれかが申し出るのを待つ。相手は自分の意思で仕事を引き受ける。

- 困難や大きな負担が伴い、無理にさせられない場合
- 通常の職務の範囲を越える場合

(例)「5月の連休に急な仕事が入ったのだが、だれかやってくれないか」

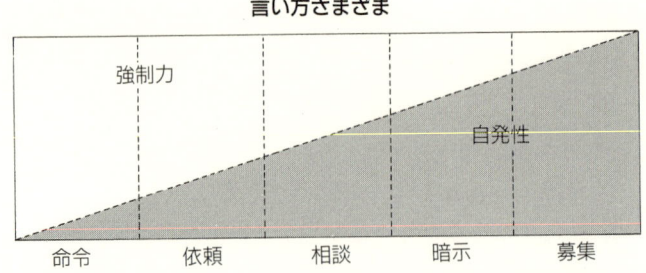

言い方さまざま

強制力 / 自発性

命令　依頼　相談　暗示　募集

3　統　制

> 統制とは、計画を立てて仕事を進めて行く過程で、当初の予定通り進行せずズレが生じた場合に、そのズレを測定、評価し、修正措置を講ずることである。また最終結果を評価、検討して、次の計画に生かすことである。

統制という言葉は次のような場合にも使われる。
- 秩序を保つ……(例)この職場は皆がバラバラの動きをして統制がとれていない。
- 制限する　……(例)価格統制

しかし、管理のプロセスにおける統制とは意味が違うので注意する。

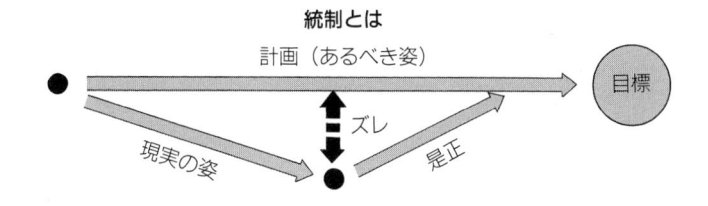

統制とは

計画（あるべき姿）　目標
現実の姿　ズレ　是正

仕事はなかなか計画通りには進まないものである。したがって、仕事が当初の計画に沿って遂行されるように努力すること、

すなわち統制を欠かすことはできない。計画がよいと統制の必要性は小さいけれども、実際は統制をゼロにすることはできない。計画は適切な統制によって完了する。

1 統制の手順

統制は次のような手順で行う。

(1) 基準の設定

計画段階で決定された諸項目（目標、スケジュール、品質、予算など）に基づいて仕事の進展を測定するための、わかりやすい、受け入れやすい基準を作る。また、作業標準、業務マニュアルなども基準である。

統制には基準がいる

基準を設定するときは、管理者が一方的に作るよりも、部下と相談して決めたり、部下に作らせて管理者が承認したりするほうが、抵抗感が少なく、部下は守ろうとするものである。

また、基準は固定不変のものではなく、正当な理由があれば状況の変化に応じて変える融通性も必要である。

(2) 測定と差異分析

基準と実績を比較できるように、仕事の進行に応じてその記録を取る。効果的な測定のためには、進行状況について報告を出させる。

測定された結果は、基準の諸項目に照らして差異を確認し、その原因を分析する。

(3) 是正

中間または最終の結果を取り決めの線に戻すための是正手段を考え実行する。

手を打つ場合には、表面的な対症療法のみでなく、差異の生じた根本原因にまでさかのぼって対策を立てる。例えば、製品の発送が遅れがちだとする。このズレを是正するために担当者を1人増やすという措置は、応急処置にはなるが、真の原因を解消したことにはならない。発送の遅れが日程計画がつまり過ぎているために起こっているとすれば、日程を再調整して余分の人員を増やさないようにするのが良い是正手段である。あるいは、作業の仕組みに欠陥があるかもしれない。その場合は仕組みの再編成をして、仕事の流れを良くする。

是正措置を取るにあたっては、その原因が管理上の不備にあるかどうかを確かめる必要がある。

2 自主統制

統制は一般に管理者が部下を制御（コントロール）するという印象を与え、部下の意欲を減退させる要素を持っている。部下が自らの裁量で自律的に統制するような仕組みを作ることが望ましい。部下が自分で基準とのズレをチェックし、適切な修正行動をとれるようにするのである。

部下の自主統制を促進するには、
① 統制基準の設定に部下を参画させる。
② 状況や仕事上必要な情報を適切に伝える。
③ 権限を委譲し、部下が自主統制する機会を増やす。
④ 管理者自身の日頃の統制のやり方をよく理解させ、見習わせる。

3 報告の活用

仕事を部下に任せっぱなしで、部下の好きなようにさせ、報告もろくに受けないのは、権限委譲に名を借りた放任であって、自主統制ではない。上司は部下に自主統制させるとともに、その状況を報告させる必要がある。部下に日ごろから報告の習慣をつけさせ、状況を把握できるようにして、初めて安心して自主統制させることができる。

ただし、あまりこと細かに報告を求めると、部下は規制を受

けているように感じるので、事前に報告すべき事項、状況、内容、時期などを話し合って決めておくとよい。

4 統制の行き過ぎと不足のもたらす結果

　統制が強いと部下は「言われたとおりやっていればよい」と依存的になる。士気が低下したり、抵抗心を誘発したりする場合もある。

　一方、統制が弱いと、部下の能力や自主性が十分でない場合には、間違いや方向のズレが生じ、ひいては秩序の乱れや資源の浪費が起きる。

　管理者は部下の成熟度をよく見きわめ、状況に応じて統制の強さを加減する必要がある。

4 調　　整

> 調整とは、仕事の遂行過程で、関係者の間に意見の相違が生じた場合に、折り合いをつけるための話し合いをして調和をはかり、すべての努力を目標達成に向かわせることである。

　管理のプロセスは、計画、指令、統制の3つの機能で進行すれば最もよいのであるが、現実には、それに調整の機能が加わらないとうまく流れない。仕事が全く個人によって実施されるならば、調整は不要である。しかし、組織の中では多くの場合、仕事の進め方について意見の対立が生まれ、放置しておくと効率が下がり、目標が達成されないことになるので、調整が必要である。

　意見の対立は個人的な感情によるものもあるが、多くは双方の立場や利害・得失が相反するときに起きる。それぞれの意見に正当性があり、簡単に折合いはつかない。しかし、大きな目標の達成という見地から効果的に調整し、より建設的で質の高い結論を導き出すよう努力することが管理者に求められる。

1 調整の型（タイプ）

　調整には大別して3つのやり方がある。

4 調　整

(1) **強制**

一方が力で他方を制圧し、服従を強いるやり方である。調整しあう両者の間が対等でなく、肩書き、地位、年功などに差がある場合に、権力の格差に基づいて相手を屈伏させる調整である。

このタイプの調整では、表面的には双方納得しているように見えても、内面的には屈伏させられた方に不満が残っているので、積極的な行動は期待できない。

(2) **妥協**

双方の意見の中間をとり、いわば利害を足して2で割るやり方である。この調整は双方の主張が一部ずつ取り入れられ、一部ずつ捨てられるので、どちらもなかば満足なかば不満となる。単に事態の収拾を図ればよいとする考え方で調整するとこうなりやすく、対立の原因や問題の本質があいまいなまま、表面だけがとりつくろわれることになる。現実には、両方の顔を立ててこの方法で調整されることが最も多い。

(3) **統合**

お互いの意見、主張を削除することなく、より高い立場から第3の案を作り、一致点を見いだすやり方である。統合は双方満足できる最も望ましい調整であるけれども、容易にはできない。統合は新しい一致点を見出そうとする両者の創造的な努力によって成し遂げられる。

調整の3つの型

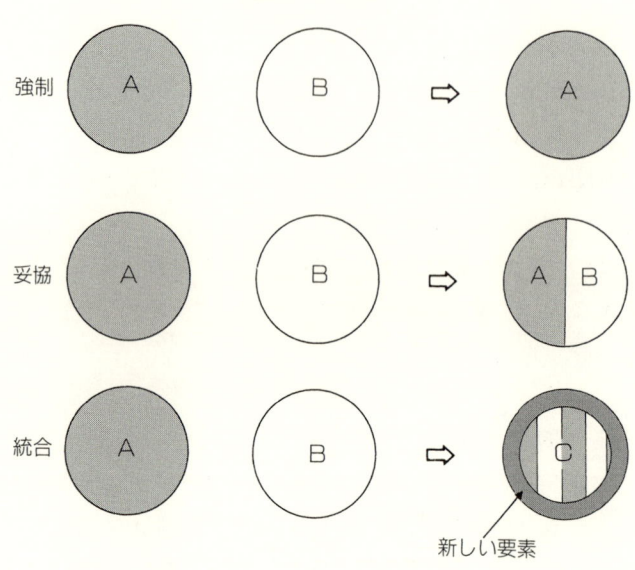

強制: A + B ⇒ A

妥協: A + B ⇒ A|B

統合: A + B ⇒ (C) ← 新しい要素

2 調整の要点

(1) 目的を見失わないこと

　調整は組織全体が目標に向かって協力するために行うものである。ところが、この当然のことがしばしば忘れられる。その理由の一つは、自分の仕事の都合だけを考えたり、体面の維持にとらわれたりして、自分の主張、立場を捨てることができないからである。

　もう一つの理由は、われわれが和を尊重するあまり、組織の目標達成よりも対立の解消そのものを目的として調整行為をする傾向があることである。

(2) より高い立場に立つこと

お互いが自分の立場だけを見ていたのでは統合はできず、結局両者の主張や要求を折半する妥協になりやすい。そこで上位者の立場に立ったり、時には部門全体、会社全体の見地から何が最適かを考えたりすることが必要である。良い調整は全体最適の思考によって可能になる。

(3) 双方が主張、意見を十分述べ合うこと

お互いに主張や意見を十分に述べあい、そして十分に聴きあい、双方の一致点と相違点、長所と短所などを客観的に分析、評価する。これにより、双方の良いところをまとめた、よりレベルの高い結論に到達するように努力する。

(4) 感情面への配慮をすること

人は一般に、いくら理屈が正当でも、感情的に納得しないと他人の意見には従わないものである。論理的に筋が通っているだけでなく、相手の立場や感情に配慮した言動が伴って、初めて調整はうまく行くのである。

③ 組織間の調整

個人間の意見対立の調整よりも、部門と部門など組織と組織の対立を調整するほうが難しい。組織にはそれぞれ固有の目標や方針があり、過去の経緯から簡単には変更できないものである。

他部門との調整をするときは、次の点に気をつける。

双方満足

(1) **内部の意見をまとめてから、他部門との調整をする**

　調整の当事者は、他の部門との調整をする前に上司や部下の意見を聞き、自部門内の意思統一をはかる。そうでないと、調整の結論が部門内で受け入れられず、調整そのものが無意味になる。その上相手から当事者としての能力を疑われることになる。

(2) **調整の相手を選ぶ**

　相手部門のだれと調整するのがよいか、だれから調整を始めたらよいかを考慮する。調整の相手や順序を誤ると、無駄足を踏んだり、感情的な行きちがいを起こしたりして、調整の成果が得られない。相手や順序を決めるときは、相手の地位、権限、立場、相手部門内での発言力、相手との人間関係の良し悪しなどを考える必要がある。

第3章
業績の管理

1 目標達成

① 企業活動と目標

　企業にも各部門にも、それぞれ目的がある。だが、目的は通常抽象的なものであることが多い。実際の企業活動においては、この目的を目標という形で具体的に表す必要がある。例えば、「利益をあげる」というのは企業目的だが、これだけでは企業活動の指針になりにくい。利益を年間で10億円あげるとか、市場占拠率を10％にするという目標が示されれば、それを達成するために具体的にどのような活動をするかという計画を立てることができ、それに沿って企業活動を展開できる。

　管理者は自己の目標を設定すると同時に、それを分割して部下に割当て、その達成に向けて努力を集中しなければならない。目標達成につとめることは、管理活動の基本である。

(1) 目標の体系

　目標設定は、まず会社の経営目標（全体目標）を決めるところから始まる。全体目標は経営の目的に基づき、現在と将来の経営環境の変化に対応するように定められる。全体目標は部門の目標に分割され、部門の目標はさらにその下の組織である部、課の目標に分割される。このように、目標設定が組織の上から下へと及んで、最終的には個人の目標が決められる。

　個人目標の段階になると、あまりに細分されすぎて、上位目

目標の連鎖

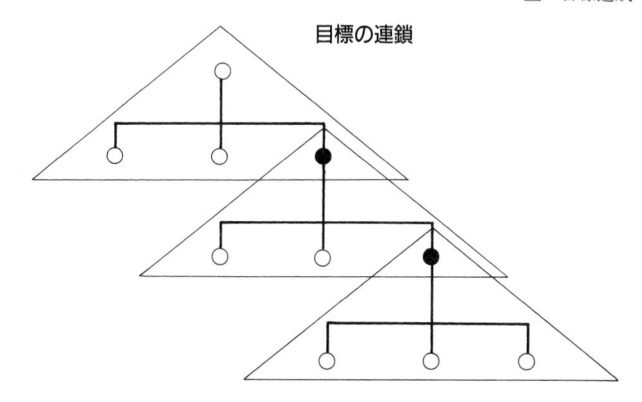

標や全体目標との関連がわからなくなりがちである。これでは、個人は自分の位置づけや存在意義を実感できなくなるので、常に上位目標、全体目標との関連を明示する必要がある。

(2) 目標設定の効果

目標を適切に設定すると、次のような効果がある。

① 目標は積極的で建設的な行動を引き起こす誘因となる。
② 目標は行動の基準と方向を与え、行動が無秩序になったり、衝動的になったりすることを防ぐ。
③ 目標に照らして仕事の優先順位を決められるので、重点的な行動がとれる。
④ 目標は前もってどの程度の成果を上げるかという期待を示したものであるから、どこまでできたかという成果が明確になり、組織構成員に達成感を与える。
⑤ 目標達成の過程で組織構成員は、精いっぱい努力することにより、仕事に対する能力を向上させる。

② 適切な目標設定

通常、職場には、成文化されているか否かは別にして職務分担があって、組織構成員の職務内容はこれによって決まっている。しかし、職務分担で明らかにされるのは、各人がどんな仕事をするかという職務内容だけで、各人がいつまでにどれだけの成果を上げるかという目標は不明である。各人が効果的に業務を遂行するためには、まず適切な目標を設定し、達成すべき成果を具体的に示す必要がある。

(1) 目標設定の要件
適切な目標とは、次のような要件を備えたものである。

① 達成すべき成果を具体的に示したものであること

目標はできる限り定量的、具体的であることが望ましい。そうすれば努力がどれだけ成果に結びついたかを評価できる。

② 目標達成期間が明確になっていること

期限のない目標は無目標に等しい。いつまでにやるかという期間を必ず決めておく。

③ 上位目標との関連が示されていること

部下の目標は上司の目標に結びついたものであり、上司の方針に反するものであってはならない。

④ 部下の意思や提案が反映されていること

上司が一方的に目標を設定して部下に押しつけたのでは、ノルマになってしまい、部下の能動的な行動は期待できない。目標設定に際しては、部下にまず上司の目標方針に基づいて自分で目標を立てさせ、それについて話し合った上で、最終的に決

1 目標達成

目標は明確に

めるのがよい。

⑤　努力すれば達成可能なものであること

目標は高いほどよいとは限らない。高すぎると達成意欲が鈍るし、達成できなくても、ダメでもともとと思って反省しない。部下の現在の能力をやや上回ったところに目標を設定し、各人が精いっぱい努力して初めて達成できるようにすると、能力が伸び、達成感を得ることができる。

⑥　重点的なものであること

各人が職務を十分に果たそうとすると、たくさんの目標が出てくる。しかし、すべてをある期間内でやろうとすれば、どれもが中途半端に終わってしまう。それより、重点的に数個以内の目標を達成するようにしたほうが成果が上がる。項目数で20

予想と目標の関係

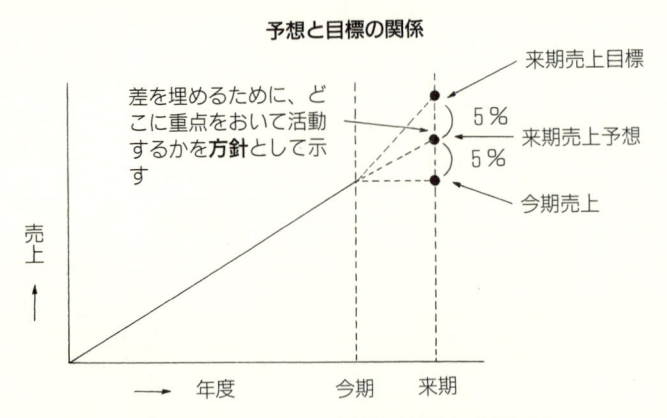

図：売上と年度の関係グラフ。今期売上から来期にかけて、来期売上予想は5％増、来期売上目標はさらに5％増（計10％増）を示す。差を埋めるために、どこに重点をおいて活動するかを**方針**として示す。

％の重点目標をおさえれば、成果の80％を支配できる。

(2) 目標と方針

　管理者は部下に対して目標を設定するだけでなく、方針もあわせて示すことが大切である。方針は目標を達成するためのガイド（方向づけ）になる。これによって、部下は上司の指向がわかり、自分の活動の重点をどこにおけばよいかを知ることができる。

　例えば、営業所長として売上前年比10％増を目標にしたとする。売上増の予想が、過去の実績の延長線上では、5％程度であるとすれば、10％はなみたいていの努力では達成できない。所長として、ただ売上を増やせというだけでは能がないというものである。5％の差を埋めるための活動の方向づけ、つまり方針を打ち出さなければならない。

　その方針は、ある場合には新製品の販売強化であったり、新規市場の開拓であったり、在来市場における新規需要の掘り起こしであったり、いろいろである。所長としては、状況分析に

基づいて、どの方面に重点をおけば差を埋められるかを確信をもって示すことが重要である。適切な方針を与えられるかどうかが、部下の努力の方向を集中するカギになる。

このように方針は目標と表裏一体の関係にある。

③ ライン目標とスタッフ目標

一般にライン部門の目標は定量的に示しやすい。販売部門なら売上100億円、営業利益10億円というように、生産部門なら生産高60億円、新製品生産台数1万台、歩留率95％以上という具合に示すことができる。

これに対し、スタッフ部門の目標は、定量的に表すことが容易でない。スタッフは企業本来の期待する結果を自ら達成するのではなく、ライン部門に対する助言やサービスの活動を通して、企業に貢献するからである。しかし、定量的に示すことが不可能ということもないので、できるだけ定量化することが望ましい。

例えば、「原価を3％低減する」とか、「事務合理化によって、人員を2名削減する」とすれば、定量的な目標になる。原価低減とか事務合理化というだけでは、単なるスローガンにすぎない。定量化するには、金額、数量、比率、時間、度数などで示すのがよい。どうしても定量化できない場合は、目標を定性的に表し、スケジュールを示す。一例をあげると、「今期中に技術トラブルのデータ・ベースをパソコンで作り上げる」というようにする。

4 目標達成過程での管理者の役割

　部下に目標を与え、必要な権限を委譲しただけでは、部下は思うようには成果を上げてくれないものである。管理者は部下が仕事に興味をもち、意欲的に目標達成に向かうように動機づけたり、指導したりしなければならない。しかし、細かいことや成果にあまり影響のないことについて、とやかく言うのは部下の意欲を阻害する。仕事に関係のありそうな情報をできるだけ多く提供して、部下が自分で状況を判断し、自主的に行動できるようにしたいものである。

　自主的行動といっても、上司から見て仕事の進行状況が思わしくないときや、方向が目標から明らかにずれているときは、その旨を指摘し、修正のための指導をする必要がある。また、部下が与えられた権限内で処理できないような事態が発生したときは、部下の求めに応じて適切な示唆または指示を与える。

　要するに上司は、部下の自主性に基づく目標達成行動を、干渉にならず、放任にならないよう見守りながら、必要な援助をするのである。

5 目標達成度の評価

　期末になったら、部下に目標達成度について自己評価させ、それに基づいて上司と部下が話し合いをして、一つの期を締めくくる。話し合いの内容は次のようなものである。

① 　自己評価は妥当なものか
② 　期間中の努力は妥当なものか

　　　　　　　　　　　　　　　　　　　　　1　目標達成

③　上司からの指示あるいはその受け入れ方は妥当なものであったか
④　自己評価を通じて得た反省を次期の計画にどのように反映させるか

2 問題解決

１ 管理者と問題解決

　企業経営は問題解決の連続である。組織の中には、常に何か問題が存在し、それが解決したころには、次の問題が発生している。その繰り返しを通して企業は発展していくのである。管理者も日々自分の職場で、自ら直面する問題の解決に策を練ったり、部下の問題解決に手を貸したりして、業績達成の障害を取り除く努力をしている。

　管理者は問題を発見する目を養い、問題を解決する能力を向上させて、問題の早期発見、早期解決を図る必要がある。

２ 問題とは

　われわれは問題という言葉をいろいろな意味で使う。「彼の発言には問題がある」「このワープロソフトは問題が多い」「きのう納入した製品が問題を起こした」「今その問題で頭がいっぱいだ」などである。ここで使われている「問題」の意味は、それぞれ違う。人によって意味が違うのでは、問題だから、「問題」を定義しよう。

> 　問題とは、あるべき姿から逸脱して、好ましくない差異が生じることである。

③ 問題の種類

問題にはいろいろなタイプがある。問題をいくつかの基準によって分けると、次のようになる。

(1) 当事者の認識による分類

① 発生型

「生産数量が計画を下回っている」「原材料が値上りした」というように、すでに発生して支障が出ており、当事者が問題であることをはっきり認識しているもの。

② 形成型

すでに発生はしているが、まだ芽の段階で、支障は出ておらず、問題感知力の高い人のみが気づいているもの、または、今は問題ではないが、兆候が感じられ、放置すれば将来何らかの支障が出ると予想されるもの。

あるべき姿からの逸脱

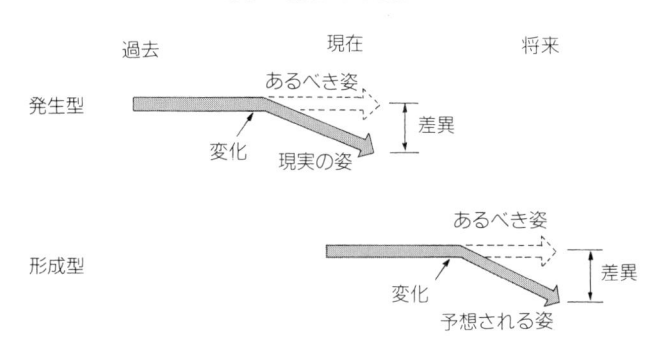

(2) 問題の内容による分類

① モノの問題

「機械が故障した」「部品の強度が足りない」「製品の塗装不良」といった装置、資材、製品など、モノに生じる問題。

② コトの問題

「無移動在庫が多い」「材料投入から出荷までの時間が長い」「生産が需要に追いつかない」など、システム、仕組み、運用にかかわる問題。

③ ヒトの問題

「A係のチームワークがうまくいかない」「Bさんが欠勤がちで、仕事がはかどらない」「Cさんがすっかりやる気をなくしている」など、人間に関する問題。

(3) 問題への対応のしかたによる分類

① 原因追求型

問題が発生したときは原因がわからない。原因をつきとめれば、容易に解決策が見つかる問題。

② 対策立案型

問題の原因はわかっているが、費用がかかりすぎる、問題を起こす人を解雇できないなどの理由で、原因を取り除くことができない。原因はそのままにして、逸脱を少なくするための対策を立てることになる。

4 問題解決の手順

問題解決には、さまざまな方法、手順がある。それは問題の

タイプや内容によっても違ってくる。次の手順は標準的な問題解決の手順である。

標準的な問題解決の手順

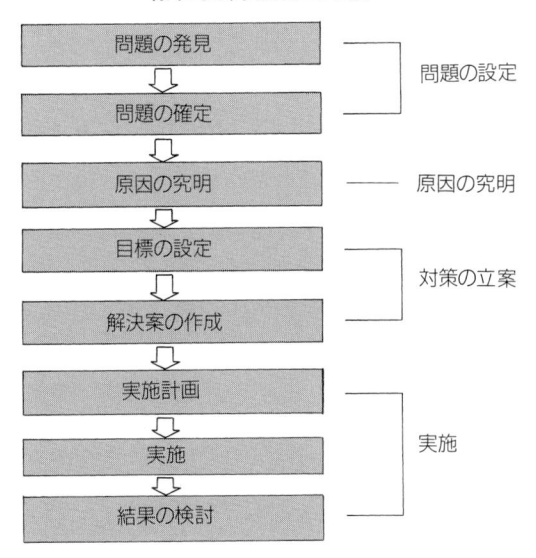

```
┌─────────────┐
│  問題の発見  │ ─┐
└─────────────┘  │
      ↓          ├ 問題の設定
┌─────────────┐  │
│  問題の確定  │ ─┘
└─────────────┘
      ↓
┌─────────────┐
│  原因の究明  │ ── 原因の究明
└─────────────┘
      ↓
┌─────────────┐
│  目標の設定  │ ─┐
└─────────────┘  │
      ↓          ├ 対策の立案
┌─────────────┐  │
│  解決案の作成 │ ─┘
└─────────────┘
      ↓
┌─────────────┐
│  実施計画    │ ─┐
└─────────────┘  │
      ↓          │
┌─────────────┐  │
│  実施        │ ─┤ 実施
└─────────────┘  │
      ↓          │
┌─────────────┐  │
│  結果の検討  │ ─┘
└─────────────┘
```

(1) 問題の発見

問題が向こうからやってきて、当事者に解決を迫るのであれば、「発見」の段階はなくて、いきなり「問題の確定」に入る。しかし、すでに発生した問題の対応に追われるのは、後手にまわったというべきで、望ましい姿ではない。先手を取って兆候のうちに問題を発見し、大きな逸脱が出ないうちにその芽をつみ取るべきである。その意味で発見の手順は欠かせない。

ある職場の管理者に「あなたの職場の問題は何ですか」ときいて、「うちには特に問題はありません」と答えるようなら、その人の職場はまず間違いなく問題が山積していると思ってよい。

問題がないのではなく、気づいていないだけである。

「問題だらけで、どこから手をつけてよいのやらわかりません」と言う人は、前の管理者に比べればましだが、問題を的確にとらえていない。したがって、解決の糸口も見出していないだろう。

「これこれの問題がありまして、その中でも特に重要な問題はこれです」とはっきり重点問題を指摘できる人は、問題感知力が高く、解決策も一つや二つは考えている。

問題感知力を養うのは次のような要素である。

① そのコトについての豊かな経験
② 現状に満足しない向上心
③ 慣例や固定観念にとらわれないで、物事を素直に見る目（素人の目、第三者の目が役に立つ）
④ 常に疑問を持ち、問題はないかと現状を観察する習慣
⑤ 何にでも興味を持つ好奇心

(2) 問題の確定

問題を発見したら、次の諸点をできるだけ数量化し、証拠をあげて把握する。これを問題の確定という。問題の広がりや深さによって対策が変わってくるから、問題を確定せずに次の段階へ進んではいけない。

① 何が問題か
② 問題が発生している対象（モノかコトかヒトか、また、どの部分か）
③ 問題が認められた場所はどこか
④ いつ問題が認められたか

⑤　問題の程度はどのくらいか

⑥　拡大傾向はあるか

(3) 原因の究明

問題の原因は一つとは限らない。いくつかの原因が複合的に作用しあっている場合もあり、一つの原因の裏に二次原因、三次原因が隠れていることもある。鋭い観察と論理的な思考によって、核心的な原因をつかむことが重要である。

① 原因を究明する手順

ⓐ 原因を示唆する具体的な事実を広く集める

ⓑ それらの事実から推論して、原因を仮定する

ⓒ 原因であることを裏づける事実を確認して、原因を確定する

② 原因を究明する過程で犯しやすい誤り

ⓐ 対策から逆に原因を想定する

われわれは、長年仕事をしているうちに、心の中にある種の信念のようなものを作りあげることがある。例えば、「責任と権限を明確にすべきだ」「信賞必罰でなくてはならない」「能力本位で昇進させるべきだ」「方針を明示しなければ、仕事ができない」といったものである。こうした心の構えができていると、管理上の問題が起こったとき、それは「信賞必罰をしていないからだ」とか「方針を示さなかったからだ」というように断定しがちである。

この場合、あることが諸悪の根源であり、それを正せばすべてが改善されると思い込んでいるために、まず対策が規定され、対策から原因が導かれている。こうした原因の決めつけ方は、

問題→原因→対策という通常の論理とは逆の、問題→対策→原因という順序をたどっていることになり、論理的ではない。

原因の究明をするときは、先入観を捨てなくてはいけない。

　ⓑ　原因を拡大し抽象化する

原因は、だんだん掘り下げて具体的なものに行きつくようにする必要がある。これが反対になると、ピンボケになって対策が打てない。

例えば、製造ラインの検査工程で不良が多発するという事故があったとする。その原因をたどって行くときに、

作業者が作業標準を守っていない→作業者の不注意→管理者の指導不足→管理意識の欠如→管理者教育の不足→教育に費用をかけない会社の方針

といった形に発展させてしまうことがある。大きな網を打てば小さい魚もかかるというものではある。しかし、作業標準を守らないことの原因が、会社の教育方針というのは、原因のさかのぼりすぎ、拡大しすぎというものであろう。これでは、作業者の不注意をなくすにはあまりに間接的である。作業者が作業標準を守らないのは、作業量を上げることをやかましく言われて、そちらのほうに注意が行ってしまうからかもしれない。あるいは、手順の似た２種類の作業があって作業者が混同するのかもしれない。原因を拡大したり抽象化したりせず、作業者の周辺を洗って、具体的な事実をつかむことが大切である。

　ⓒ　原因究明の過程で原因を評価する

問題の原因としていくつかの事実があげられたとき、ある原因が核心的な原因だと評価すると、その原因の背後にある、もっと重要な原因を見落とすことがある。これは大したことでは

ないと思ったことが、急所となる原因だったというのでは、問題解決は長びいてしまう。

特に、人の問題の原因については、思考過程に感情的な要素が加わって評価が行われやすい。

どの原因が重要で、どの原因は無視してよいかは、原因をつかむ過程では判断しないほうがよい。原因全体をつかんだところで、それらの関連の中で、諸原因の相対的価値を評価する。

(4) 目標の設定

問題の原因が把握できたら、次は目標を立てる。この場合の目標とは、このような状態を作り出したいという期待の表現である。目標には、できればこうしたいという希望目標と、必ずこれは実現するという絶対目標がある。

例えば「歩留りを100％にする」とか「製品の誤出荷をゼロにする」というのは、目標としては格好がいいけれども、実現は難しい。これらは希望目標である。実際の目標は、自分の責任、権限や解決可能性を考慮して立てなければならない。そこで「歩留りを3カ月以内に95％にする」とか「製品の誤出荷を期末までに1％以下にする」といった、現実的で、ここまではぜひ実現したいという限度ぎりぎりの目標にする。これが絶対目標である。

絶対目標は期待する成果と現実との妥協によって作られるものであるが、だからといって、実現可能性にばかり目を奪われて、目標の水準を下げてはいけない。挑戦的な目標にしてこそ、やりがいがあるというものである。

また、目標は先にも述べた通り、できるだけ定量的に立てる。

「出勤率を向上する」「生産性を高める」といった目標は定性的で漠然としたものである。

「出勤率を3カ月後には96%にする」

「生産性を6カ月で5％高める」

としてこそ、目標は明確に立てられたといえる。こうすれば、対策を実施したあとの成果測定にも役立つ。

(5) 解決案の作成

対策をとるべき問題が明確になり、目標が設定されたら、問題の一つひとつに対して具体的に解決案を作成する。

① 解決案作成の手順

ⓐ 拡散思考でアイデアを出す

解決案は、初め枠にとらわれないで、できるだけ多く出す。多く出すには、拡散思考をするのがよい。拡散思考というのは、思いつくままにどんどんアイデアを出し、思考を広げていくことである。「下手な鉄砲も数打ちゃ当たる」式に、アイデアの妥当性などを考えたりせず、突拍子もないようなアイデアでもかまわずに出してみるのである。たくさん出しているうちに、固定観念にとらわれない、創造的なアイデアが出てくることがある。

ⓑ 収束思考でアイデアを検討する

アイデアがたくさん出たら、それらを一転して厳しく評価する。評価の着眼点は次のようなものである。

●問題点を確実に除けるか（目標を達成できるか）
●リスクはあるか
●費用がかかりすぎないか（費用対効果）

- 人手は間に合うか
- タイミングは良いか
- 関係者、関係職場への影響はどうか
- よそから反対にあったり、じゃまが入ったりしないか

　ⓒ　最適案を選ぶ

評価して残った解決案の中から、状況に最も合う最適案を選ぶ。それぞれの解決案には一長一短があって迷うこともあろう。最適案の選択は意思決定であり、決断力を要する。

②　解決案を作成するときの留意点

　ⓐ　創造的に

問題点をそのまま裏返しにして対策になると考えるのは安直にすぎる。

　規則を守らない──→守らせる

　人手が足りない──→増員する

これで対策になれば苦労はない。ところが、われわれは案外これに類する対策をとっているものである。

規則を守らないのであれば、なぜ守らないのかを考えて対策を打たなければならない。例えば、駐車違反が絶えないときに、駐車ルールを守らせようと取締りを厳しくして、違反がなくなるだろうか。24時間見張っているのならばともかく、駐車場が足りないという根本原因を除かなければ、違反はなくならないのである。

また、人が足りないから増員するというのでは、人手不足は解消しても人件費増という別の問題が発生する。増員しないで人手不足を解消する方法を模索するのが創造的な解決である。

　ⓑ　仕事の肥大化を防ぐ

ある問題を解決するために新たに定例会議や委員会を設けたり、報告書を増やしたり、監督を強化したりするのは考えものである。新しい仕事が増えたのでは、その問題は解決するとしても、全体として仕事が肥大化してしまう。

いままでのやり方に少し手を加えることによって解決できないかと考えるなど、仕事を増やさない工夫が必要である。

©　当面の対策と根本的な対策を組み合わせる

当面の問題を応急的に解決するとともに、将来、同様の問題が起こらないように、根本的な対策をとることが望ましい。根本的な対策をとるのは、時間も費用もかかるが、それによって既存の問題を一挙に解決できることも多い。

(6) 実施

① 実施計画

解決案を作ったら、実施のための具体的な計画を5W2Hに従って洩れなく立てる。

　ダレガ（実施担当者）

　イツマデニ（期限）

　ナニヲ（解決手段）

　ドコデ（場所的条件）

　ナンノタメニ（目的）

　ドノヨウニ（適用方法）

　ドノクライ（程度）

これらの項目の中で特に重要なのは、実施担当者と期限である。せっかく良い解決案ができても、担当者と期限を決めなかったために実施があいまいになることはよくあることだ。

2 問題解決

② 実施結果の検討

解決案を実施したあと、結果を検討する。もし、期待通りの成果があがり、問題が解決したならば、それまでの一連の行動が正しかったことが証明されたわけである。

もし、期待通りの成果が上がらなかったとすれば、次の点を検討すべきである。

ⓐ 計画の実行に不十分な点はなかったか
ⓑ 実施計画そのものに誤りはなかったか
ⓒ 解決案は妥当なものであったか
ⓓ 原因の究明に間違いはなかったか
ⓔ 問題の認識、事実のつかみ方に誤りはなかったか

つまり、計画を立てて実行したとしても、期待する成果が上がらなかったならば、その差異自体を問題として取り上げ、原因を究明して対策を立てるのである。問題解決には合理的思考と執念が必要である。

後手にまわった問題処理は"モグラたたき"のようなもの

3 業務改善

1 改善とは

あるべき姿から逸脱した状態を普通の状態に戻すことを改善ということがあるが、ここでは、普通の状態をさらに良い状態にすること、つまり効率を上げたり、付加価値を増したりすることを改善ということにする。

2 管理活動と改善

企業は常に発展すべきものである。発展しなければ社会に貢献もできないし、社員を幸福にすることもできない。端的に言って、社員の給料は少しずつ上っていくことが期待されるが、その昇給分はだれが稼ぎ出すのか。社長個人が昇給分を払うわけではない。企業全体が昨年よりは今年、今年よりは来年というように、年々付加価値を高め、その中から給料を支払うのである。だから、企業はいったん設立されたら、発展し続けなければならない。現状維持は実質的な後退を意味する。

企業が発展し続けるためには、日常の業務活動のなかに、改善によって付加価値を高める仕組みを組み込んでおく必要がある。管理者は、職場の要の位置にあって、業務改善の原動力にならなければならない。

3 業務改善

付加価値とは

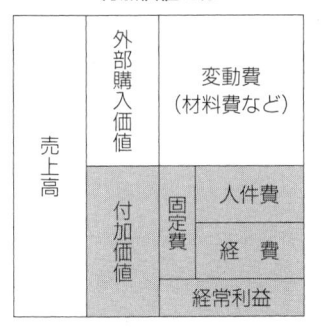

売上高	外部購入価値	変動費（材料費など）	
	付加価値	固定費	人件費
			経 費
		経常利益	

　ところが、管理者は毎日現状維持の仕事に追われている。だれもが会議に折衝にとびまわって「忙しい、忙しい」と言っている。これでは、管理的業務、なかでも改善のために時間を割くことはできない。日常の業務に忙殺されて改善を図らない管理者は、自己の役割の重要な部分を果たしていないことになる。

　管理者はまず自分の仕事を改善して、忙しさから脱却し、管理業務のためにもっと時間をとり、改善に力を入れるべきである。忙しさから脱け出す良い方法は、部下を育て、部下に仕事を任せることである。

　管理者は職場全体の改善を心掛けると同時に、部下自身が改善をして、最善の方法、手段で仕事をするよう仕向けていくべきである。

　なお、会社にはシステム課、生産技術課といった、改善を専門に手がける部署がある。それらの改善スタッフは、仕事の改善を本業にしているわけだが、必ずしも最善の改善案を作るとは限らない。改善スタッフは、改善の技法については専門家だけれども、各部門の仕事の実情を正確につかんでいない。管理

者は改善スタッフに改善を任せきってはいけない。むしろ、彼らを社内コンサルタントと考えて、活用するのがよい。

③ 改善のねらい

仕事を改善する場合には、何をねらうかということをあらかじめ明確にしてとりかかったほうが、改善すべき点を発見しやすい。改善のねらいは次の四つに大別できる。

(1) **ハヤク――仕事の処理速度を上げる**
① 定例的な仕事をコンピュータで処理する。
② 帳票や仕事の手順を標準化する。
③ ムダな仕事、重複した仕事を省く。
④ 仕事が停滞しないように流れを変える。
　など。

(2) **タダシク――仕事の質的な内容を向上させる**
① 仕事の質を高めるような手段を選ぶ。
② 間違いの原因となるものを取り除く。
③ 不正ができないような仕組みを作る。
　など。

(3) **ラクニ――仕事を容易にする**
① 仕事を簡素化する。
② 仕事の繁閑を調節する。
③ 労力や熟練を機械におきかえる。
　など。

(4) **ヤスク――費用を減らす**
① 人員を減らす。

② 資材の使用量を減らす。

③ エネルギー使用量を減らす。

など。

以上、改善のねらいをあげたが、これらの改善をするとき忘れてならないのは、人間の存在である。人間は欲求も感情も持っている。効率を追求するあまり、個人への仕事割当てが細分化、単調化しすぎたり、個人が忙しくなりすぎたり、集中力が要求されすぎたりすると、かえって逆効果になる。個人は飽きたり、早く疲れたり、やりがいを感じなくなったりして、長い目で見れば効率が落ちる。

4 改善の対象

改善の対象になる事柄は、モノ、コト、ヒトのすべてにわたっている。モノの改善としては、製品の改良や開発が典型的な例である。管理者の改善は、コト、ヒトにかかわるものが多くなる。ただし、ヒトにかかわる改善といっても、個人の人格を改造することではない。人を動機づける良い方法を考案したり、個人同士の連携がうまく行くような仕組みを作ったりすることである。

管理者の改善の対象となる主なものをあげてみよう。

(1) **組織**

① 重複した仕事を省く。

② 細分化しすぎた仕事を、計画から実施、検討までひとまとまりにして個人に配分する。

など。

(2) **仕事のしくみ**

① 仕事の順序を変える

例えば、倉庫の出荷の記録を出荷後に行っていたものを受注時に変えることによって、受注引当が容易になる。

② 仕事の停滞を少なくする

例えば、書類や帳票の回付先を減らして、早く流れるようにする。

③ 一元化する

例えば、設計変更の内容をコンピュータの端末に入力すれば、資材、製造など関係先のデータがすべて変更されるようにする。

など。

(3) **帳票**

① 帳票を使いやすい形に作り変える。
② 伝票そのものをやめて、情報の伝達、保管をコンピュータで行う。

など。

(4) **作業環境**

① 椅子を疲れにくいものにかえる。
② 仕事をしやすいように、机や備品の配置を変える。
③ 照明、色彩、騒音、空気の快適化。
④ 安全対策。

など。

(5) **工程**

① 検査工程の省略。
② 作業の自動化、部品支給の自動化。

など。

(6) **作業方法**
① 手の動かし方を左右対称にする。
② 足や左手を活用する。
③ 小さい動作でできるようにする。
④ 材料や道具を探さなくてもすむところ、取りやすいところに置く。
など。

(7) **仕事の手段**
① 目的に対して適切な手段を用いる。例えば高性能の機械・装置を設置していても、簡単な仕事しかさせていないような場合は、低価格機に切り換える。
など。

このほかにも、改善の対象はいくらでもある。

目的と手段のバランス

5 改善の手順

(1) 改善すべき仕事の発見

われわれの周囲には、改善のタネがたくさんころがっている。改善すべき仕事を発見できるかどうかは、その人の問題感知力による。その気になって職場を観察すれば、数多くの要改善項目が見つかるだろう。

それらの要改善項目に優先順位をつけ、最重点の項目を選ぶ。

(2) 事実の把握と問題点の摘出

とりあげた仕事について、詳細に事実を調べる。調べる項目は、仕事の目的、仕事の流れと手順、仕事に用いられる手段、仕事の発生時期、発生量、処理時間、仕事を規制する条件などである。これらを調べたら、仕事の流れをフローチャートなどに書き表すと、全体をつかみやすい。

集めた事実を分析し、ハヤク、タダシク、ラクニ、ヤスクのねらいを念頭において、問題点を摘出する。

(3) 改善案の作成

従来の方法に代えて、新しい方法を創造的に生み出し、実行可能なものに仕上げて改善案とする。ここでも5W2Hを活用するのがよい。

人間は本来保守的なものであるから、新しい方式には抵抗感が出やすい。特に、今まで問題とは意識されずに運営されていた状態を一挙に塗り変えるような革新的な改善には、関係者が何やかやと理由をつけて反対する。

合理的な改善を自然に受け入れさせるための根まわしも、改善案と同時に考えておくことが肝要である。

(4) 新方法の導入

改善案が大きな変更を伴うものであるほど、すぐ実施に移さず、試行期間を設ける。その間に改善後の仕事を直接担当する者の意見を聞いたり、他部門と調整をしたりして、完成度を高める。

試行の結果が良ければ新方法を導入する。

(5) フォローアップ

実施後、決められた通りにやっているかどうか、ときどき様子を見る。そうしないと、ちょっとした障害が出ても、人間の保守性が以前の方法をなつかしがり、前の仕組みに近づいて行くことになる。

6 革新的な改善とは

これまで述べてきた改善は、主として、現在の業務システムのなかで、可能な限りムダを省き、迅速に処理する方法を考えるものであった。改善には、もう一つ、既存のシステムにこだわらず、仕事の流れ全体をにらんで、新しいシステムを作り上げ、仕事のやり方を根本的に変えてしまうというやり方がある。

日常の仕事を進めるなかで、細かな改善を積み重ねることは、もちろん重要であるが、ときには、既存のシステムを壊すというような、大胆な発想が必要である。

ここでは、そのような革新的な改善の事例を二つ紹介しよう。

(1) メーカー側で納入品目と数量を決定

アメリカのメーカーＰ社とスーパーマーケットＷ社は、経理にコンピュータを導入している会社同士の取引の場合、両方のコンピュータに証拠が残っているから、請求書などいらないのではないかと考え、両社間の請求書や納品書をなくしてしまった。全米のＷ社におけるＰ社製品の売れ行きは、店頭販売情報システムを通して、Ｐ社に直接入ってくる。それをさらに進めて、「どこの店で何個売れた、在庫がこれだけしかない、それなら何個入れよう」ということをメーカー側で決めて納品するようにした。

これによって、請求書や納品書は必要がなくなった。同時に発注担当者もいらなくなった。組織は簡素化され、大幅な経費節減ができた。

(2) 現場の小グループが独立経営

長野県の電気抵抗器メーカーＫ社は、行きすぎた分業による弊害をなくすため、製造部門を工程別横割り組織から、商品別縦割り組織に改めた。商品別の組織とは、ワークショップと呼ばれる約20のグループで、独立経営単位である。予算、収益管理をするほか設備の入れかえなども決定できる。工場内では、商品ごとにラインが組めるよう、設備が再配置された。個々のメンバーは複数の工程をこなせるようにし、検査や発送もワークショップ内で可能となった。

大量生産で生産コストを下げるという目的で導入した最新設備は順次廃棄し、自社製の安い機械に切りかえた。大型の生産

設備は稼働率を保ててこそ効果がある。稼働率を維持できなければ、かえって高くつく。稼働率を保つために、今売れないものを作って、在庫しておくのでは本末転倒であると考えたのである。

コンピュータによる生産、出荷の全社一元管理システムもやめて、すべての管理を生産現場に移した。現場と離れた間接部門が受注情報を集中管理し、最も効率的と計算される生産指示を出しても、計算通りに現場の作業が進むとは限らないからである。

数年にわたるこれらの変革の結果、間接部門の人員は大幅に減り、生産リードタイム(材料の投入から製品出荷までの時間)は20日余りから2～3日に短縮され、棚卸資産回転率も47日から17日へと改善された。(K社の事例は日経ビジネス1994年5月9日号による)

K社の場合、経営者は分業化、機械化による規格品の大量生産という方式に疑問を感じ、自ら試行錯誤しながら、一見、時代の流れに逆行するような方法を考え出した。

分業は現代産業社会を成り立たせている基本運営形態である。しかし、分業が行きすぎると、担当が細分され、各担当は自分の責任を果たすことだけを考えて、全体に目を向けなくなる。例えば、各担当が品切れを警戒して、必要以上の在庫をかかえたりする。分業化した仕事をつなぐために、非生産部門の人員も必要になる。K社の事例はいきすぎた分業に対する一つの警鐘と受けとめて良いのではなかろうか。

7 改善に役立つ技法

改善のために使われる技法はいろいろあるが、その中では次の四つがよく使われる。管理者はこれらを一通り知っておくと便利である。技法の紹介は本書の役割ではないので、詳しくはそれぞれの専門書を見ていただきたい。

① IE (インダストリアル・エンジニアリング、Industrial Engineering)

主として生産活動の効率化をねらいとして、生産システムを改善する技術。工程設計、作業分析、標準時間の設定、日程計画、設備レイアウトの改善などの技法の総称である。

② QC(クオリティ・コントロール、Quality Control、品質管理)

生産活動において、製品の品質を一定水準に保つ技法。統計的手法を使うところに特色がある。QCを生産部門に限定せず、全社的な活動にしたものをTQC（トータルQC）という。

③ VE (バリュー・エンジニアリング、Value Engineering)

製品、サービスの品質と信頼性という機能的価値を低下させずに、コストの低減をはかる技法。機能分析、構造の再検討、使用材料の代替品の探索、新しい加工方法の開発などを行う。

④ PERT(パート、Program Evaluation and Review Technique)

多数の工程からなる建設、開発などのプロジェクトで、日程管理や工期短縮を行う技法。各工程をネットワーク図にして、手配もれをなくすとともに、ネック工程を見つけ、その改善によって日程を短縮する。

3 業務改善

8 発想を助ける手法

　改善を促進するには、問題感知力を高めると同時に、発想を豊かにして、創造性のある解決案を練り上げる必要がある。発想は、1人で沈思黙考していると、壁につきあたりやすいので、何人かのグループでアイデアを出しあうとよい。他人と情報や意見を交換していると、それに刺激されて、思いがけず新しい着想を得ることがある。グループで発想するときは、集団発想を助ける手法を使うとよい。集団発想法にはさまざまなものがあるが、ここでは手軽に使えて、活用範囲の広い二つの手法を紹介しよう。

ブレーンストーミング

(1) ブレーンストーミング (B.S.)

オズボーンが開発した、集団による発想法で一種の拡散思考法である。集団で着想を出すと、連想や競争による相互刺激作用で、一人で考えるよりずっと多くの着想が得られる。

〈進め方〉

① メンバーは5〜7名程度。ふだんから気楽に話せる者同士がよい。そのときのテーマに関する専門家は半数以下にする。

② 時間は1時間程度、それ以上になる場合は休憩。

③ 落ち着いた会議室で、全員の顔が見えるように大きなテーブルを囲んで座る。

④ リーダーの司会のもと、順番に発言したり、ときには指名したりして、アイデアをどんどん出す。リーダーは事前にテーマについてよく考え、多くの観点を洗い出しておく。全員をうまく乗せながら、さまざまな角度からアイデアを出させるよう方向づける。

⑤ アイデアを出すときのルール

　ⓐ **批判厳禁**

　　「くだらない」とか「実現不可能だ」とか言うと、アイデアが次々と出てこなくなる。

　ⓑ **自由奔放**

　　奇想天外なものでも、大いにけっこう。バカなことを言っても許されるという雰囲気が大切。

　ⓒ **質より量**

　　とにかく、たくさん出すこと。たくさん出せば、そのうちキラリと光るものも出てくる。量が質を生む。

3 業務改善

ⓓ **便乗発展**

人の言ったアイデアに他の人が便乗して、より良いアイデアを出す。アイデアは自分のものという意識をなくさせ、相互に刺激しながら発展させる。

⑥ 出たアイデアをすべて書く

メンバーの発言をすべて要約して黒板か模造紙に書く。要約のしかたは、発言の内容をあまり抽象化せず、具体性を残しながら、キーワードをつなげるようにして短縮する。

⑦ 評価する

出たアイデアを、できれば1日くらいおいてから評価する。今度はアイデアを有効性、実現可能性などを基準に徹底的につめる。この評価の段階でアイデア同士が結びつき、高いレベルのアイデアが生まれることが多い。

(2) **TKJ法**

T（トランプ式）KJ法は、川喜田二郎氏が開発したKJ法を集団発想に適するように、手を加えたものである。もともとKJ法は野外調査、実態観察などによって得たバラバラの、一見まとまりそうもない情報を構造的に組立てることにより、何か新しい意味を発見する創造の技法である。ただし、KJ法では、この多様な情報を組立てる作業を個人で行う。個人作業はそれなりに長所もあるけれども、強靱な思考力を要する孤独な作業で、個人の負担が大きく、時間もかかる。

これを数人のチームでやるように改めると、個人の負担は軽くなり、時間も短縮され、お互いの感じ方、考え方の違いもよく分かって、むしろ発想が豊かになる。TKJ法とはそのような

手法である。進め方は次のようにする。

第1ステップ　　カードづくり

まずリーダーを決め、リーダーはテーマを全員に確認する。メンバーはそのテーマについて思いついたことをカードに書く。カードに書く前にブレーンストーミングをやって、お互いに自由に発言すると、多くのヒントが得られる。

カードは1項目1枚とする。1項目は15～30字の簡潔な文にする。単語だけの短いものや、長すぎる文はかえってわかりにくい。抽象的な文はさけ、できるだけ具体的に表現する。

第2ステップ　　均等配付

リーダーはカードを集め、よく混ぜてから、トランプの要領で各メンバーに均等に配る。メンバーはカードをよく読み、書かれた内容をあるがままに理解する。疑問があれば、カードを書いた人に質問する。

第3ステップ　　似たもの集め

意味の確認が終わったら、メンバーの1人が手持ちのカードの中から1枚を読みあげ、その場に出す。他のメンバーは出されたカードに意味の近いカードがあれば、一緒に出す。出されたカードを一つのグループとする。同じことを繰り返して、各人が持っているカードをいくつかのグループに分ける。

この場合注意することは、あらかじめ作られた分類基準にあてはめて、グループ編成しないことである。例えば、「よい管理者とは」というテーマでたくさんのカードを作ったとする。それらのカードをあらかじめ作った項目、例えば、目標、計画の明示、部下の育成、意思決定といった項目に仕わけすると、既成概念による分類になってしまう。これでは、既成概念の再確

③ 業務改善

認になるだけで、新しい発想は生まれない。カードをよく読み、カードに語らせる心境で、カード同士親近感のあるものを一つにする。一つのグループに4〜5枚以上集まったときは、異質のカードが入っていないかよく検討する。

なお、似ているカードがないものは、無理にどこかのグループに入れず、そのままにする。これを一匹狼という。

第4ステップ　　表札づくり

グループになったカードに、グループを代表する「表札」をつける。表札とは、そのカード・グループを1枚のカードで言い表わしたものである。やはり、単語や長文にせず、簡潔な文にする。表札は、各メンバーが手分けして作るとよい。表札づけがひと通りすんだら、順次1グループずつとりあげ、全員で表札がそのカード・グループの中身を代表しているか検討する。

表札は、それさえ見れば、各カードを見なくてもいいような、各カードの本質をついたものにする。抽象的あるいは包括的な表現は、既成概念によるレッテル貼りになりやすいし、分かるようで、その実なにを言っているのか分からない場合が多いので避ける。各カードの要点をつなげた足し算的表現も創造的発想がないので、あまりよくない。表札のついたカード・グループは、その後その表札によって代表され処理される。その意味で表札作りはKJ法の要点である（表札づくりの例参照）。

第5ステップ　　中グループ編成と中表札づくり

表札のついたカード・グループは、クリップで止めて1枚のカードとして扱う。各表札を見くらべながら、再び似たもの同士を集めて、中グループを編成する。この段階で、先ほど一匹狼として孤立していたカードを眺め、どこかのグループに入る

もとのカードグループ

- 休日には子供の遊び相手をする
- ときどき家事を手伝う
- 買物を一緒にする

よくない表札

子供と遊んだり、妻の手伝いをする
（足し算的）

よい表札

ときどき家庭サービスをする

もとのカードグループ

- 休憩後仕事にとりかかるのが遅い
- 仕事の納期を守らない
- 突然休むとき、急ぎの用を電話で引継がない

よくない表札

責任感がない
（包括的）

よい表札

自分の仕事を完遂しようとする意欲が足りない

ものがあれば入れる。中グループにも表札をつける。

第6ステップ　　大グループ編成と大表札づくり

同じことを繰り返して、大グループ編成と大表札づくりをする。もとのカードの枚数が40〜50枚なら、このへんで大グループが3〜4個以内になるはずである。もとのカードがもっと多く、大グループの数が3〜4個以上の場合は、更に同じことを1ステップ繰り返す。

第7ステップ　　図解

以上の作業によってできた大中小のグループを空間配置して、カードを模造紙に貼る(104〜105頁参照)。同じグループのカードは、マジックインクで枠どりして、その中に入れる。大中小のグループ区分が分かるように、枠の色を変えるといい。表札は枠の上にカードに書いて貼るか、マジックインクで大きく書く。枠でかこまれたカード・グループを島という。島同士似ているもの、親近感のあるものは、近くに配置する。配置が終り、枠どりができたら、島と島の相互関係を表す矢印や線を入れる。

第8ステップ　　図解の鑑賞

でき上った図解を壁に貼って、みんなで眺める。このときメンバーは、「一見バラバラでまとめようもないと思われた数十枚のカードも、とにかく、たんねんに似たもの同士まとめていけば、全体構造が浮びあがり、自然に結論が出てくるものだ」と感じて、この手法の醍醐味を味わう。あるいは、「あっ、そうだったのか」と改めて何かに気づく。

この実感は、実際に全ステップを自分でやってみて、苦心して表札や図解を作りあげないと、なかなか味わうことができないものである。

部下から見た

部下に方向を示す

周到に計画を立てる
- 計画をしっかり立てる
- 計画に部下を参画させる
- 目標、方針を明示する

果断である
- 意思決定が早い
- リスクを避けない
- 指示が的確である

仕事に前向きに取り組む

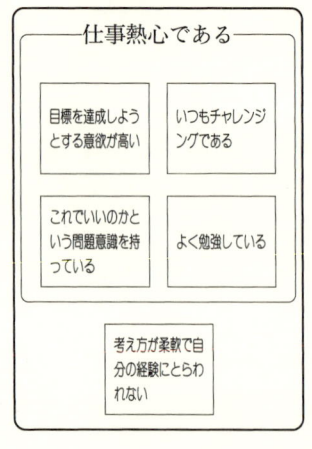

仕事熱心である
- 目標を達成しようとする意欲が高い
- いつもチャレンジングである
- これでいいのかという問題意識を持っている
- よく勉強している
- 考え方が柔軟で自分の経験にとらわれない

部下を育てる

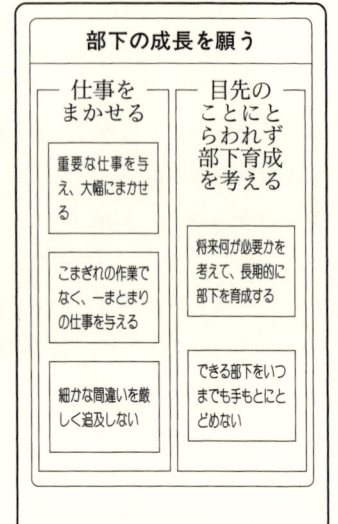

部下の成長を願う

仕事をまかせる
- 重要な仕事を与え、大幅にまかせる
- こまぎれの作業でなく、一まとまりの仕事を与える
- 細かな間違いを厳しく追及しない

目先のことにとらわれず部下育成を考える
- 将来何が必要かを考えて、長期的に部下を育成する
- できる部下をいつまでも手もとにとどめない

仕事を教える

仕事の教え方が上手
- 適切な助言、援助をする
- 手とり足とりの指導でもなく、放任でもない
- 仕事を教えるときは部下の理解を確認しながら進める

ヒントを与えて考えさす
- 改善すべき点を一緒に考える
- 失敗の原因を考えさせ解決のヒントを与える
- 自分から先に行動し、やってみせる

3 業務改善

よい上司とは

部下を動機づける

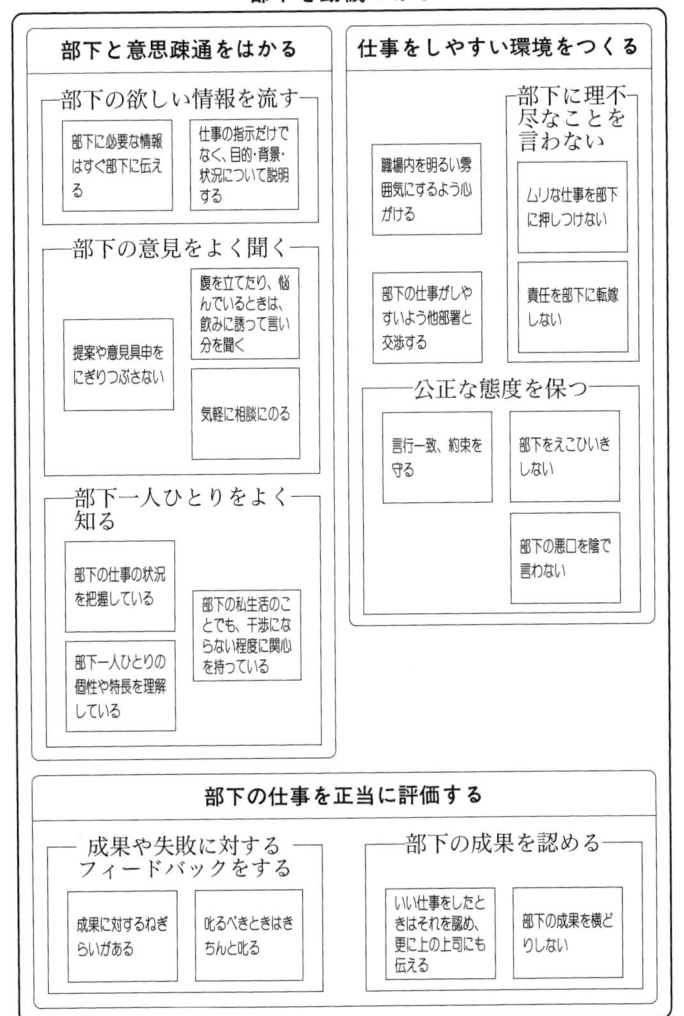

部下と意思疎通をはかる

部下の欲しい情報を流す
- 部下に必要な情報はすぐ部下に伝える
- 仕事の指示だけでなく、目的・背景・状況について説明する

部下の意見をよく聞く
- 提案や意見具申をにぎりつぶさない
- 腹を立てたり、悩んでいるときは、飲みに誘って言い分を聞く
- 気軽に相談にのる

部下一人ひとりをよく知る
- 部下の仕事の状況を把握している
- 部下の私生活のことでも、干渉にならない程度に関心を持っている
- 部下一人ひとりの個性や特長を理解している

仕事をしやすい環境をつくる

- 職場内を明るい雰囲気にするよう心がける
- 部下の仕事がしやすいよう他部署と交渉する

部下に理不尽なことを言わない
- ムリな仕事を部下に押しつけない
- 責任を部下に転嫁しない

公正な態度を保つ
- 言行一致、約束を守る
- 部下をえこひいきしない
- 部下の悪口を陰で言わない

部下の仕事を正当に評価する

成果や失敗に対するフィードバックをする
- 成果に対するねぎらいがある
- 叱るべきときはきちんと叱る

部下の成果を認める
- いい仕事をしたときはそれを認め、更に上の上司にも伝える
- 部下の成果を横どりしない

第4章

人の管理

1 部下育成

1 部下育成の意義

(1) 部下育成の基本姿勢

① 人材育成は経営の重要課題

企業の希望通りの人材が採用できない時代になった。企業規模の大小を問わず、企業は優秀な人材の確保に苦労している。そんな状況のもとで、採用した人をいかに早く育成するかが経営の重要課題になっている。

昨今、新規学校卒業者以外に中途採用者の枠を設け、すでに他企業で業務経験を積んだ人材を積極的に受け入れる企業が多くなった。これらの人々は、他社で教育を受けて仕事の進め方を知っており、改めて教育しなくても即戦力となるので、職場の管理者にとってまことに都合のよい人材であるかのように見える。

しかしながら、中途採用では必ずしも希望する人員枠を確保できない、中途で入社して来た人々が新しい会社の企業風土になじんで活躍できるようになるのに時間がかかる、などの問題点もあり、よいことずくめではない。

今のところ、主流となる人材源は、やはり新規学校卒業者の中に求めなければならない。これまで日本の企業経営を支える大きな特徴の一つは、企業内で人材を育てることであった。この傾向は今後も当分変わらないと見るべきであろう。

② これまでの人材育成

人材育成は経営の基本方針であるはずなのに、これに熱心に取組む企業はそれほど多くない。特に、高度成長期以後企業規模を大きくした企業では、職場の管理者は生産や販売の拡大に追われ、人を育てることにまで手がまわらなかった。新人が職場に配属されても、あまり面倒を見ないで、「仕事は自分で覚えろ」とばかりに放任するきらいがあった。

その結果として、全体的に人の育つのが遅くなる、あるいは放置した中から自然に育った人のみが重用される、といった弊害が生じたことは否定できない。

そのことに気がついた企業は、人材育成の重要性を標榜するようにはなった。しかし、おのおのの職場は相変わらず忙しいため、管理者は「忙しくて教育にまで手がまわらない。教育より当面の業績達成の方が先だ」といった考え方で、事実上、部下育成の役割機能を放棄していたのである。

一方、現代の若者は、幼児期から学校卒業まで周囲からていねいに面倒を見てもらい、過保護に育てられている。職場に入ってきても、指示待ちで、自分の仕事を自発的に覚えようとはしない。放任しておけば実務能力は身につかず、いたずらに年齢だけが高くなってしまう。これでは人材のムダ使いである。

これから管理者は、単に知識として知っているだけでなく、人材育成の具体的なノウハウを身につけ、そのための時間を割いて部下育成を実践して行かなければならない。

③ 人材育成の視点——部下一人ひとりのために——

人材育成は組織にとって重要課題であるが、同時に自己成長を願う部下一人ひとりのためでもある。人は誰でも他人から認

められ、尊敬されたいという自尊欲求や、自分の潜在能力を生かしたい、知識、経験を生かし、創意工夫をして何ごとかを成し遂げたいという自己実現欲求を持っており、それに応えるのも人材育成のもう一つの意味である。

上司は部下を選ぶことができても、部下は上司を選ぶことができない。「部下の運は上司運である」と言われる。「良い上司」に出会えるかどうかによって、部下のビジネス人生に大きな違いが出てくる。

では、良い上司とはどんな上司であろうか。良い上司とは部下を甘やかしたり、放任したりする上司ではない。どのように育てるかを本気になって考え、厳しく鍛え、部下の持っている長所や強みを最大限に引き出し、一方では、個人的な悩みにも

人材育成も管理の一環

相談にのる温かさを持った上司が良い上司である。

人はだれでも自分自身の成長を願う。その気持ちは人間にとって自然なことである。その気持ちに応え、部下を成長させ、部下一人ひとりの未来を開くということが、管理者の行う人材育成の重要な要素でなければならない。

④ 日常の管理活動の中に位置づける

人材育成はマネジメント（管理）の基本機能の一つである。優れた管理者は、これを単に義務的に遂行するのでなく、責任と情熱を持って、明日の組織を担う人材を育て、部下自身の成長を援助する。

管理者は人材育成を番外の仕事としてではなく、日常の管理活動の一環としてとらえて行くことが大切である。部下の育成と活用はマネジメントの一連の流れ、管理そのものなのである。

よく「部下の育成は上司の仕事であることはわかるが、現実問題として日々の仕事が忙しくて、部下育成のことばかり考えていられない。教育は教育スタッフにやってもらいたい」という声を耳にする。これは企業の教育機能に対する誤解である。教育スタッフの行う集合研修は一般的な教育訓練ニーズに対応することはできても、それぞれの職場の固有のニーズや社員一人ひとりの能力に応じた指導育成はできない。どんなに忙しくても、教育訓練は職場が中心になって進めなければならないのである。人材の育成の責任単位はそれぞれの職場である。

(2) 部下育成の2側面（OffJTとOJT）

企業内で人材育成をする方法にはOffJT(Off the Job Training)とOJT（On the Job Training）がある。

OffJTは職場外訓練といわれ、社員に必要な知識、技術を職務を離れた場で、集中的に身につけさせる教育訓練である。教育部などのスタッフが主催して行う集合研修や外部講習会への派遣がこれに当たる。職場で指導することが難しい教育(例えば、新しい知識、技術、管理改善手法など)や一括して実施する方が効率的な教育（例えば、共通性の高い基礎的訓練や一般教養的なもの）は、この方法が適している。

　OffJTは職場を離れることになるので、それほど頻繁に参加させることができない。また、社員個人個人の特性や訓練ニーズに応じたきめ細かい指導ができない。

> **OJTは職場内訓練といわれ、日常の仕事の場を通して、知識、技術(技能)、態度の向上のために、計画的、継続的に指導教育することである。**

　OJTは個別に部下の特性や訓練ニーズに合わせ、日常の仕事の中でいろいろな機会をとらえて実施できる。企業内人材育成はOJTを中心に実施し、OffJTはOJTを補完、促進するものとして位置づける。一般にOffJTの役割10％、OJT90％くらいに考えておくのがよい。

　「あなたはOJTをやっていますか」と聞くと、たいていの管理者は「やっています」と答える。ところが、一歩踏み込んで、「それでは、あなたの部下一人ひとりのOJT計画書を見せてください」とか「具体的にどのようなことをやっていますか」と問うと、急に歯切れが悪くなってしまう。OJTとは職場内訓練のことだと承知していても、実際には、何か気がついたときに

1 部下育成

指導したり、注意したりするだけで、あとは何もしていない管理者が多いのである。これではとてもOJTをやっているとはいえない。

OJTは単に仕事を通じて学ばせるということではなく、「計画的、継続的」に指導育成することである。

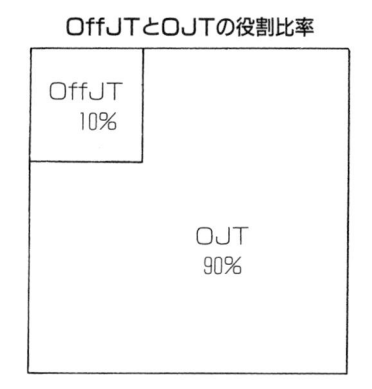

OffJTとOJTの役割比率

```
┌─────────────────────────┐
│ ┌──────┐                │
│ │OffJT │                │
│ │ 10%  │                │
│ │      │                │
│ └──────┘      OJT       │
│               90%       │
│                         │
│                         │
└─────────────────────────┘
```

(3) OJT実行度の診断

OJTの概念がつかめたところで、あなたが日常の管理活動の中でOJTをどの程度意識し、実行しているかを自己診断してみよう。

次の項目について、評価得点を入れ合計点を出していただきたい。自己診断とは別に、他者（例えば上司、同僚、部下）に診断してもらい、その差を比較してみると、より明瞭に自分を見直すことができる。

OJT実行度診断

		不十分である	あまりできていない	どちらともいえない	かなりできている	十分できている

① 部下の一人ひとりについて、能力に応じた育成計画を立てて実行している。　　1　2　3　4　5

② 仕事の割当てをするときは、部下育成を念頭においてやっている。　　1　2　3　4　5

③ 現在の職務遂行能力の向上と同時に将来必要となる能力についても、指導育成するようにしている。　　1　2　3　4　5

④ 自分から率先して仕事に取組み、部下の模範となるよう心がけている。　　1　2　3　4　5

⑤ 部下の仕事振りや結果について、タイミングよく良い点はほめ、悪い点は注意している。　　1　2　3　4　5

⑥ 部下の長所や短所をつかみ、特に長所を伸ばすよう日ごろから指導している。　　1　2　3　4　5

⑦ 部下のキャリアプランや自己啓発について、ときどき話し合っている。　　1　2　3　4　5

⑧ 部下の話に耳を傾け、最後まで相手の言い分、不満、悩みなどを聞くようにしている。　　1　2　3　4　5

⑨ 能力を十分発揮しきれない部下に対して、その原因をつかんで必要な指導をしている。　　1　2　3　4　5

⑩ 部門全体の利益を優先し、有能な部下を他へ異動させることを拒むことはない。　　1　2　3　4　5

合計点 [　　]

診断結果はどうであったろうか。自己診断、他者診断ともに45点以上の人は、日常の管理行動が大変育成的であることを意味し、優れたOJTの実行者である。35点から40点の人は、もう少し育成的なマネジメントをするよう心がけたほうがよい。30点以下の人は、OJTに対して無関心である。大いに反省して、管理行動を改める必要がある。

(4) OJTの特徴

OJTの特徴や利点をよく理解しておくことは、また、指導、援助を効果的に進めるために必要なことである。OJTの特徴は以下の通りである。

① 実務に密着した指導育成ができる

職場の実状にふさわしい、実際的な訓練ができ、訓練したことがすぐ仕事に生かされるので、よく身につく。

② 部下の特性やニーズに応じた指導育成が行える

本人の特性や仕事上のニーズに即して、個人に最も適した育成ができる。必要に応じて部下と個別に話し合うことができ、相手に合った方法を選択できる。

③ 日常の機会をとらえて、いつでも実施できる

OJTは日常のあらゆる機会を通じて行うことができる。仕事や目標を割り当てるとき、指示、命令や報告のとき、仕事の遂行過程や完了時、仕事の結果を検討、反省するときなど、仕事のPDSのすべての過程が指導育成の機会となる。意図的に指導育成の機会を作ることもできる。

④ 効果が直ちに判定できる

効果がすぐ仕事の上に表れるので、訓練のやり方の良し悪し

がわかり、その改善が容易である。また訓練の効果をみながら、仕事の割当てや命令の与え方などを適切に改めていくことができる。

⑤ 技術やノウハウの伝承ができる

職場には長い間にわたって培われてきた技術やノウハウがある。これを正しく伝承するのもOJTである。経験の蓄積によって築き上げられてきた知恵は、知識の伝達や言葉で教えられるものではなく、日々の仕事を通して伝承されるものである。

⑥ 経験によって学ばせる

教育とか指導というと、すぐに教える→教わる、指導する→指導を受ける、といった、どことなく改まったやり方を思い浮かべる。しかし、OJTはもっと多面的な方法によって行うものであり、本人にさまざまな実務の経験をさせ、そこから学ばせるという要素が強い。

⑦ 育成的な職場風土が醸成される

OJTが効果的に進められ、成果を上げれば、職場には自然に人を育てるという風土が醸成される。こうした風土の中で、部下の自己啓発も刺激され、自己啓発とOJTの相乗作用が生まれる。

2 OJTの進め方

(1) OJTの基本ステップ

OJTが所期の成果を上げるには踏むべき基本ステップがある。それは次の図のように、サイクルになっている。

1 部下育成

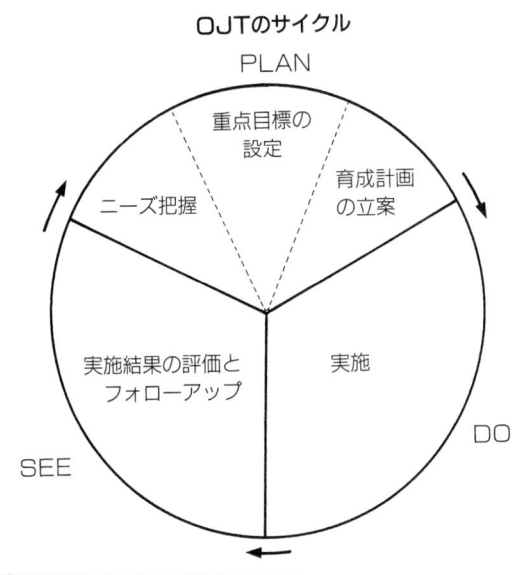

OJTのサイクル

PLAN — 重点目標の設定／育成計画の立案／ニーズ把握
DO — 実施
SEE — 実施結果の評価とフォローアップ

OJTニーズの把握(第1ステップ)

① ニーズ把握の二つの視点

OJTのニーズは、あるべき姿と現状の姿とのギャップとして把握されるものであるが、ニーズ把握に当たっては、職務遂行ニーズ(直面するニーズ)と人材育成ニーズ(形成するニーズ)の2つの視点が必要である。

ⓐ 職務遂行ニーズ

例えば、経験が浅いために知識やスキルが未熟であるとか、新たな職種へ配置転換されてきた場合などに端的に現われるニーズである。

また、実際の仕事の過程で問題が発生したというような場合にも、その原因を考えると、OJTニーズを把握することができる。目標の未達、間違いの発生、客先からのクレームなどは、

多くの場合、求められる能力と現有能力の差に起因している。

　ⓑ　人材育成ニーズ

　OJTは現在担当している仕事の遂行能力を向上させるだけでは不十分である。次に予定されている部下の仕事やポストで求められる能力と現有能力との差にも着眼する必要がある。

　組織にとって今どんな人材が求められているか、また部下の将来の方向はどうあるべきか、これらの点を明確にしながら、日常の指導育成を図っていくことが大切である。そのためには、部下の潜在能力を正確に見きわめることが必要になってくる。

OJTニーズの構造

求められる能力	－現有能力	＝OJTニーズ(不足能力)	
将来の仕事に必要な能力	不足能力	2～3年	→ 中期目標
現在の仕事に必要な能力	現有能力	今年	→ 当面目標

　②　能力と行動の関係を理解する

　企業が社員に期待しているのは、各人の活力に満ちた職務行動である。ところが、部下は往々にして上司の期待どおりに動かない。部下が期待どおりの行動をしないのは、その行動を支える能力にどこか問題があるからである。

　行動を支える能力とは、どのようなものだろうか。能力を次の三つの要素に大別してとらえ、行動との関係を考えてみよう。

能力の三要素

知　　識	・専門知識、業務知識 ・仕事の進め方、問題解決に必要な知識 ・理論的、体系的な思考
技　　能	・動作の的確さ、器用さ、機敏さ ・ノウハウ（仕事のコツ、勘どころ） ・問題解決に役立つ知恵
態　　度	・仕事に対する意欲 ・ものの見方、考え方、価値観 ・柔軟性、誠実さ、注意力など

　部下の行動は、これらの能力が総合された結果である。もし部下が期待通りの行動をとらなかったとすれば、その原因はこの三つの要素のどれかが不足しているからである。そこで、何が不足しているかを見きわめ、その不十分な点を補強すれば行動が改善される。

　能力はいわば水面下にあって見えない部分であり、行動は表に出た見える部分である。表に出た部分（行動）を変えるためには、その下にあって行動を支えている部分（能力）を変える必要がある。ニーズ把握にあたって、この関係を理解しておきたい。

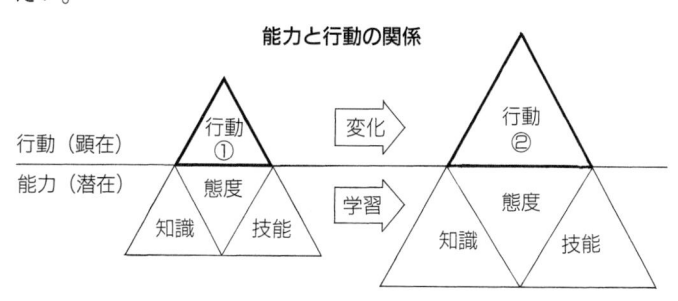

能力と行動の関係

OJT目標の設定（第2ステップ）

OJTニーズが明らかになったら、これを目標化する。

① 目標の条件

OJTの目標は

どんな能力を（目標項目）

どのレベルまで（目標水準）

いつまでに（目標期限）

の三つを含んだものにする。OJTのニーズのすべてが、直ちに現在の目標になるとは限らない。必要性、緊急性、重要度、指導の可能性などを勘案し、重点目標を設定する。

② 目標設定の留意点

ⓐ **具体的に**

「業務知識を高める」とか「技術力を高める」といったような抽象的なものでなく、具体的にどんな業務知識なのか、どんな技術力なのかを示す。

ⓑ **能力よりやや高目の目標を**

目標は、現有能力よりやや高目のところに設定する。努力のいらない目標では達成意欲が湧かないし、高過ぎると自信を失ってしまう。達成可能な目標を一つひとつ達成して行くことによって、次の目標への意欲が湧く。大事なことは成功の連続である。

ⓒ **自己啓発目標と一致させる**

目標は、基本的には管理者が設定するものであるが、その過程で部下と話し合い、目標を共有化すれば、自己啓発目標とOJT目標が一致し、より効果的にOJTを進めることができる。

1 部下育成

OJT計画の立案（第3ステップ）

① 育成計画書

OJT計画は部下一人ひとりについて、個別に作成する。OJTニーズの把握とOJT目標の設定に基づいて、どのような機会と方法で指導育成するか、指導方法を具体的に明らかにし、スケジュールを決定する。原則として計画は1年単位とするが、その中に短期の細部計画も折り込んでいく。育成計画書は職務の内容に合わせて、それぞれの職場で作成してよいが、一つのサンプルとして、次頁に「個別育成計画書」を示しておこう。

② 指導方法の選択

OJT計画の作成に当たって大切なのは指導方法の選択である。指導育成というと、教えることを想像しがちだが、OJTは単に教えることにとどまるものではない。仕事の割当てから遂行、完了に至るあらゆる場面がOJTの機会になるし、方法としても教えることのほかに、見習わせる、経験させるなどがある。また特別に指導機会を作り出すことも必要である。具体的な方法としては、次のような四つの類型がある。

　ⓐ　教える要素の強い指導方法

この方法は最も一般的な方法で、部下が知らない知識、技能、態度などあらゆるものが対象となる。管理者が直接教えるということが基本となるので、当然のことながら、教える側が教える内容について確実な能力を持っていなければならない。教え方については、後に述べる仕事の教え方のスキルを習得するとよい。部下の理解度や成熟度に応じて

- すべてを教える
- 概要を説明する

個別育成計画書

　　　　　　　　　　　　　　　　　年　月　日　　作成者

氏　名		職　務内　容		
所　属				
長期的育成構想			重　点ニーズ	
今期重点目標 (どんな能力を、いつまでに、どのレベルまで)	指導方法、スケジュール	指導担当	結果の評価	

- 考え方や方向を助言する
- 学び方を示す

などの中から、適切な教え方を選定し、部下の自主性をそこなわないようにする。

　　ⓑ　見習わせる要素の強い指導方法

　部下は管理者の仕事ぶりや態度、行動を観察している。そこで、管理者が範を示し部下に気付かせ、見習わせるという方法が有効になる。目に見えない職業意識や責任感、リーダーシップといったことについても、見習うという要素が強く働いている。管理者の率先垂範は、言葉で説明したり、教える以上に大きな育成効果を生むものである。

　　ⓒ　経験させる要素の強い指導方法

　実際にやらせてみることによる指導育成の方法である。経験は仕事に限らず、人間の成長にとってきわめて大きな影響を及ぼすもので、学習の原点ともいえる。この方法には、実際に仕事をやらせてみる、仕事を分担させるといった基礎的なものから、管理者の仕事を代行させる、権限を委譲する、意思決定に参画させるといったものまで、幅広い範囲の方法が含まれる。

　　ⓓ　特別の指導方法

　部下を指導育成する意図をもって、特別の指導機会を設けるという方法である。勉強会、見学、実習、課題研究、教育的配置、個別指導面接などが考えられる。この中で個別指導面接は、必ず計画に折り込んでおくべきである。面接において、部下の気持ちをつかみ、キャリアプラン、自己啓発必要点などについて話し合うことは、部下育成の上で不可欠のことである。（面接の仕方については後述する）

③ 指導者の選定

指導方法の選択と同時に、それぞれの指導項目について、だれが指導するかを決める必要がある。管理者が自ら指導する場合もあるだろうし、管理者が忙しい、あるいはその業務に詳しくないという場合は、部下の中から指導適任者を選ぶ。

④ 部下の能力に応じた指導

部下に不足している能力によって、タイプを分けた場合の指導育成の着眼点は次ページの表の通りである。

育て方次第で誰でも育つ

1 部下育成

指導育成の着眼点

タイプ	不足能力			指導育成の着眼点
	知識	技能	態度	
実直型	×	○	○	・基礎的知識の教育を行う ・Off-JTを有効に活用する ・課題を与え、自主的に研究させる
理論家型	○	×	○	・実際にやらせて経験を深める ・間違いや失敗の経験を生かす ・見守りながら徐々に仕事を任せる
無気力型	○	○	×	・課題や目標設定を適切に行う ・さまざまに動機づける ・成果を正しく評価してやる
評論家型	○	×	×	・知識や理論を生かす場所を与える ・目標を与え意欲を高める。仕事の当事者意識を育てる ・技能訓練を行う
マンネリ型	×	○	×	・いろいろな仕事を与え、視野を広げる ・高い目標に挑戦させる ・知識教育を行う
新人型	×	×	○	・基礎教育を徹底する ・逐次仕事の幅を広げる ・自己啓発の方法を示し、援助する
理想型	○	○	○	・大幅に権限を委譲する ・高度な仕事に挑戦させる ・異動、昇進を考える
ゼロ型	×	×	×	・知識、技能、態度のいずれかに目標をしぼる ・自己認知を的確に行わせる ・本人の適性を判断する

OJTの実施（第4ステップ）

OJT計画ができたら、いよいよOJTを実施することになる。実施に当たっては、次の点に留意する。

① 行動の変容をねらうこと

OJTのねらいの大きな要素は、部下の日常の業務における行動を変え、仕事のできる部下を育てることである。行動を変えるために必要能力を伸ばすことに焦点を合わせるべきで、部下の人格や個人特性を変えようとするのは、行きすぎである。注意を与える場合は、よくない行動を指摘し、性格などに言及するのは避ける。

② 自主性を尊重すること

人は自主的に仕事に取り組むほうが持てる能力を発揮する。部下が進んでやろうという気になるよう、動機づけを重視し、自主性や創造性を発揮する機会をより多く作るようにする。

③ 共に学ぶ姿勢で

「教育は共育である」といわれる。上から教えるという姿勢だけでなく、部下と共に学び成長して行こうとする謙虚さが欲しい。特に今日では、管理者が部下より常に優れているとはいえない場合がある。相互啓発の姿勢が望まれるところである。

OJTの結果の評価とフォローアップ（第5ステップ）

最後のステップである。計画の進捗度合をチェックしながら、成果を評価し、実施上の問題点を発見して、適切な処置をとる。

① 評　価

OJTの目標となった「知識」「技能」「態度」をどれだけ習得し、身につけたかをチェックするわけだが、「知識」の習得度合

は質問やペーパーテストなどで見ることができるし、「技能」や「態度」は実際に仕事をやらせてみればわかる。基準を明確にしたチェックリストなどを作って評価するのもよい。

② フォローアップ

期待する水準に達していなければ、効果が現れるまで訓練を継続する。その際、次のような点について反省し、必要ならば、軌道修正する。

- 目標および計画した方法は適切だったか
- 適切な機会に指導を行ったか
- 仕事との関係で無理はなかったか
- 進行過程に問題はなかったか
- 部下の反応はどうだったか

なお、一度覚えたことでも、使わなければ忘れるものであるから、繰り返し訓練し、成果を確実なものとする。

(2) OJTを失敗に終わらさないために

OJTの基本ステップは上に述べた通りであるが、現実の職場の状況を見ると、OJTがうまくいっていないことが多い。OJTを成功させるために、管理者は次のように心がけるべきである。

① OJTの重要性を再認識する

管理者のなかには、「自分は何も教えてもらわなかったが、ここまできた。仕事に必要な知識やコツは自分で学ぶべきだ」と考え、OJTが部下育成においていかに重要であるかを理解していない人がいる。部下は放任していても、経験により能力を向上させるが、能力開発をより早く行うためには、OJTが必要である。

② 部下育成に熱意を持つ

自分の専門的な知識や技術の向上をはかることには熱心であるが、部下の育成には不熱心である管理者も少なくない。こうした人は専門職としては有能であるにしても、部下を通じて仕事をする管理者としては有能とはいえない。自分の専門的な知識や技術の向上に対する熱意と同じく、部下の能力開発にも熱意をもつ必要がある。

③ 知識、技術が上位の部下にもOJTを

管理者が部下を育成するには、管理者が部下よりも、知識であれ技術であれ、上位であることが基本となる。ところが、現実には、管理者よりも若い部下のほうが、ある狭い専門領域では、知識、技術が上ということが起こりうる。こんな場合に、管理者として部下を指導できないと考えてはいけない。部下が詳しくない領域の指導や仕事の進め方の指導はできるはずである。また、優秀な先輩を指導者にしてさらに専門領域を深めさせたり、育成に役立つテーマを与えて、取り組ませたりすることもできる。要はOJTのやり方を工夫することだ。

④ 機会指導に頼りすぎない

管理者がOJTのやり方や手順をきちんと理解して、計画的に進めるのでなければ、OJTは場当たり的な機会指導になってしまう。部下の能力開発は計画的、系統的に行うことが必要である。

⑤ 日常の忙しさに負けない

OJTの必要性はよく理解していても、管理者自身が仕事に追われ、部下指導のために全く時間がとれないという場合がある。この状態を続けていると、部下が育たず、育たないから、仕事

を任すことができず、いつまでも自分が忙しいという悪循環を起こす。忙しい中でなんとか時間を割いて部下を育てる工夫をしないと現状は打破できない。

③ OJTの技術

(1) 仕事の教え方

仕事に熟達していれば、だれでも仕事を上手に教えられるわけではない。よく言われるように、「名選手必ずしも名コーチならず」である。人にものを教えるには、教え方の基本を守る必要がある。ただ説明するだけとか、黙ってやって見せるだけとかでは不十分である。

そのことは、記憶の性質を考えてみるとよくわかるはずである。人間は自分が慣れ親しんでいる事柄はよく記憶できるけれども、初めて出くわすようなことは記憶しにくいものである。例えば、ロシアの小説を読んでいると、次々に耳なれない人名が出てきて、だれがだれかわからなくなることがある。日本の小説の登場人物なら、どれほど似たような名前であっても、1回読めば記憶できるから、とりちがえることはない。

仕事を教える場面でも、これと同様のことが言える。教える側は、きわめて簡単なことを教えているつもりでも、それは自分が毎日扱っている事柄だからそう思えるだけのことである。教えられる側（特に新人など）にすれば、初めてのことだから、使われる言葉すら理解できず、まるで別世界の話を聞くようで、とうてい記憶などできないであろう。

仕事を教える立場にある人は、だれでも、教え方の基本を身

につけてから教えるべきである。では、その基本とはどういうものだろうか。基本となる仕事の教え方には、次の五つのステップがある。

第1ステップ　教える準備をする

　　ⓐ　指導の予定を立てる
- だれに
- 何を
- いつまでに教えるか

　　ⓑ　仕事（作業）を分解する

仕事を分解しないで教えると、説明を始めてから、順序を間違えてやり直したり、大切なポイントを抜かしたりすることになる。このようなまずい教え方をしないように、あらかじめ仕事を分解しておく。

- 主な手順を列挙する
- 急所（大切なポイント、カンどころなど）を取り出す

　　ⓒ　設備、道具、材料その他必要なものを用意する。

第2ステップ　習う心がまえを作る

　　ⓐ　気楽にさせる
- 相手の緊張をほぐす（緊張すると、もの覚えが悪くなる）
- うちとけた雰囲気づくり

　　ⓑ　これから教える仕事について、知っている程度を確かめる
- その仕事をやったこと、見たことがあるか
- 仕事について不正確な知識や間違ったやり方を覚えている場合には、その間違いを自覚させる

　　ⓒ　仕事を覚えたい気持ちにさせる

1 部下育成

- できあがりの状態を見せる
- その仕事と全体の関係を話す
- その仕事の意義、役割を話す

第3ステップ　仕事の内容を説明する

ⓐ　主な手順を一つずつ説明する

- 手順ごとにはっきり区切りをつけて、言って聞かせ、やって見せ、書いてみせる
- 仕事の過程をひと通りのみこませるために、最初は黙って普通の速さでやって見せるのもよい

ⓑ　急所を強調する

- 急所の理由も説明する

ⓒ　理解する能力以上を強いない

- 習う者は一人ひとり違っている。相手に応じた教え方をする
- 理解する能力以上のことを詰め込もうとしても無駄である
- 根気よく

第4ステップ　実際にやらせてみる

ⓐ　やらせてみて、間違いを直す

- 一度実際にやらせて、もし説明したやり方と違ったら直す
- 怒ったり叱ったりしない
- よくわかっていない点は、もう一度第3ステップへ戻って説明する
- 完全にできるようになるまで、何回でもやらせる

ⓑ　やらせながら、説明させる

- 主な手順を第3ステップで説明した通りに言わせる
- 急所とその理由を全部言わせる

ⓒ わかったとわかったら、一人で仕事をさせる
- 自信を持ってやっているか、確信を持って説明できるか確かめる
- うまくできたらほめる
- 指導を打ち切って、一人で仕事をさせる

第5ステップ　フォローアップ

ⓐ わからないときに聞く人を決めておく
- 「わからないことがあったら、いつでも質問しなさい」と言う
- 「もし私がいなかったら、○○さんに聞きなさい」と言い、その人に本人を紹介し、よく頼んでおく

ⓑ たびたび様子を見る
- 「○時間たったら、仕事を見せてもらいにくる」と言う
- 調べたときよくできていればほめる

ⓒ 質問するように仕向ける
- 「今教わったことについて何か質問はないか」と聞く
- 「初めての仕事だから、知らないのは当然だ」と言って、質問しやすくする

ⓓ だんだん指導を減らしていく

(教える側の心がけ)

☆相手が覚えていないのは自分の教え方が悪いのだ。
☆わかることとできることは別である。できるまでやらせるのが教えることだ。

(2) **機会指導**

仕事の進行中、部下を指導する機会がしばしばめぐってくる。

1 部下育成

指導する機会をタイミングよくとらえて指導することを「機会指導」という。

日常の自然な指導の機会と、指導の要点を整理すると、次のようになる。

部下に指示する場合

① あまり細かく指示するのでなく、包括的な指示をして、細部は部下の自主性に委ねるのがよい。細かく指示することは部下の反発を招いたり、依頼心を起こさせたりする。

ただし、相手が新入社員のような職務経験のほとんどない部下の場合は、細かく指示する。

② 部下が指示を求めてきた場合は、即答せず「君ならどうするか」と反問し、部下に考えさせる。「△△を調べた上で、君が決めなさい」と言うのもよい。部下が答えを出したら、さらに「その根拠、理由は何か」と問う。

③ 緊急事態が生じた場合や、十分に説明しても部下の納得が得られない場合は毅然として指示し、仕事の遂行の最終責任は上司にあることを理解させる。

④ 予想される問題や将来の見通しについても考えさせる。例えば、どんな問題が起こる可能性があるか、順調に進行しない場合の対策を質問する。

部下の仕事ぶりが良い場合

① 部下の指導は、仕事上の失敗をしたときばかりでなく、仕事を的確に遂行したときにも行う。人は失敗したときは逃避的になりやすいが、うまくいったときは、その話題を続けたいという気持ちになり、助言を受け入れやすい。

そこで、部下がよくやっていると認めたら、まず部下の

望ましい言動をほめる。

　次に、部下が特によくできたと思っている点とよくできた理由を聞き出す。上司にうまくいった点やその理由を聞かれると、部下は成功の要因を考えるようになり、成功の連続という行動様式を手に入れる。

部下の仕事を評価する

② ほめるときは叱責や注意を混ぜ合わせない。賞賛と叱責を一緒にすると、部下は自分がほめられたのか叱られたのかわからなくなってしまう。叱責のショックを和らげるために両者を一緒にしていると、部下は賞賛は前置きで、その後には必ず叱責や注意がくると思って構えてしまい、賞賛の声は耳に入らない。部下の行動を正したいときは、別の機会を作ってそのことだけを伝えるべきである。

部下が失敗したり、成果を上げられなかった場合

① 部下が失敗したり、望ましい仕事ぶりを示さないときは、部下の行動を変えるために、次のような順序で話し合いをする。

ⓐ　簡潔に仕事上の問題点を指摘する

　怒っているそぶりを見せたり、否定的な評価をしているような印象を与えたりせず、客観的に問題点を指摘する。

　ⓑ　問題解決の方策を考えさす

　いま起きている問題に絞って、将来に向けてどう改善するかを質問する。この場合部下から言い訳が出やすいが、それには取り合わずに部下が解決策を見つけだすように導いてやることが大切である。「もっと頑張る」といった抽象的な対策でなく、具体的にどう行動を改めるかを考えさせる。

　ⓒ　問題解決に役立つ意見を強化する

　問題解決に役に立たないような発言は聞き流して、役に立ちそうな意見を取りあげ、その良い点を指摘する。そして、それを具体的な行動の形にして、管理者と部下の間で合意する。

　合意したら、実際に部下にその行動をとらせるわけだが、進み具合を確認する日を、数日ないし数週のちに設けておくとよい。

② この場合に大切なのは、失敗を通しても成長してほしいと願う管理者の気持ちが部下に伝わることである。部下の否定的側面をとり上げ、それに対して叱責するだけ、または罰を与えるというフィードバックは、部下の望ましくない行動を止めることはできても、望ましい行動を引き出すことはできない。望ましい行動を引き出すには、本人の努力に対して管理者が援助をするという姿勢が必要である。

部下が仕事上悩んでいる場合
① 強く指示したり、直接教示するより、助言によって正しい方向や問題点などに気づかせるようにする。そのほうが部下の主体性を尊重することになる。
② 助言は部下の意見を十分に聞いてから行う。一方的に行うと部下の理解、納得が得られない。
③ 助言は部下の成熟の程度に応じて、細かい明示的な助言から包括的、示唆的な助言へと切り換える。

部下と話し合いをする場合
① 話し合いは相互啓発の場である。話し合いを通じて上司、部下とも相互の情報の足りないところを補い、共通の理解に達したり、自分の誤りに気づいたり、新しい発想を得たりすることが期待できる。
② 上司が部下を一方的に説得しようと考えてはならない。押しつけは反発を招く。部下が自ら気づくように仕向ける。また、部下が十分に意見を述べられるようにする。
③ 言い訳や批判のための議論は前向きではない。建設的に、どうしたらより良くなるかを話し合うこと。

部下が新しい仕事に取り組む場合
① 新しく高度な仕事に取組むときには、失敗したときや難しい問題に直面したときのことを恐れて、だれでも不安になるから、弱気にならないよう励ます。
② 単に「頑張れ」の一点張りで励ますよりも、「この点に注意してやれば、うまくいく」といった指導、助言を併せて行うほうが、部下は行動指針が得られて自信を持てる。

1　部下育成

部下の誤りを発見した場合

① 部下の仕事を観察したり、報告を受けたりして、誤りを発見したときは、放置しないで本人に気づかせ改めさせる。誤りを放置したり、上司が部下に知らせないで自分で修正することは、部下のためにならない。

② 誤りを指摘するときは、その誤りがなぜ生じたのかを考え、根本原因にまでさかのぼって指導するようにする。例えば、仕事の全体の流れを理解していないために、誤っても気づきにくい場合は、仕事の全体の流れをもう一度学ばせる。

(3) **ほめることと叱ること**

管理者によっては、ほとんどほめない、あるいは叱らない人がいるが、上手にほめたり叱ったりするのは、部下育成の過程で欠かすことができない手段である。ほめるにも叱るにも一種の技術があり、やり方がまずければ逆効果になってしまう。管理者はほめ方と叱り方を十分心得ておく必要がある。

① ほめる

一般的にいって、ほめるのは叱るのよりも難しい。他人の欠点はすぐ目につくが長所は見えにくいから、つい叱るほうが先に立つ。人を育てるには、二つほめて一つ叱るくらいの割合がよい。

　　ⓐ　良いところを見る

だれでも長所と短所を持っている。欠点ばかり指摘されれば憂うつになる。良いところを見る心掛けが大切である。良いところを見るには、自分の相手に対する要求水準が高すぎてはい

けない。管理者に得意な分野があると、その部分についてはどうしても要求水準が高くなる。

ⓑ ほめ言葉を工夫する

うまくいったね、これからも頼むよ。
さっきの君の説明すばらしかったよ。
君の努力のおかげで生産量が守れた、ありがとう。
よく考えているね。わたしも教えられたよ。
いいところに気がついたね。

ⓒ ほめるに値するものをほめる

事実に基づかないものや、ささいなことを大げさにほめるのは、おだてていると受け取られる。

ⓓ タイミングが大切

ほめる対象となる事実の発生からあまり間をおくと、ほめても感激が薄くなる。

ⓔ 目立たない部下もほめる

仕事上華々しい成果を上げている部下のみでなく、努力している部下、地味に仕事をしている部下にも目を向けて良いところをほめる。

ⓕ 演出効果も考える

朝礼や会議など人の前でほめたり、管理者のさらに上の上司の前でほめると効果的である。

② 叱る

部下との関係が悪化することを恐れて叱らない上司がいるが、これは周囲に悪い影響を与え、職場の士気を低下させる。繰り返し注意をしても改めない場合や、重大な仕事上の失敗をした場合は、的確に叱ることが必要である。

1 部下育成

ⓐ 行動を叱る

部下の行動に対して叱るのであって、相手の人格を傷つけるような言葉は避けるべきである。叱ることの基本は本人の成長であって、人格の非難ではない。

ⓑ 人前では叱らない

他人の面前で叱られると、部下は恥ずかしさが先に立って、叱った中味を聞いていなかったり、上司を逆恨みしたりすることがある。

ⓒ ひと呼吸おいて

部下の失敗、違反などの事実を知ると、すぐ叱りつけたくなる。こういう場合は自分の感情が高ぶっていて、相手の言い分も聞かず、怒りをぶつけるだけに終わってしまう。これは部下の指導・育成のために好ましくない。ひと呼吸おいて、冷静になってから叱る。

ⓓ 忘れないうちに

ひと呼吸おくのはよいが、あまり間をあけて、部下がその事実を忘れてしまったのでは効果がない。「古いことをいつまでも根にもっている」とかえって反発される。

ⓔ 追い打ちをかけない

部下がすでに自分の非を十分悟り反省しているときは、強い叱責を慎む。注意を与える程度で叱るべき意図は果たせる。

ⓕ 基本的な部分について叱る

細かいところまですべての非を並べたててだらだらと叱ると、かえって反発を招く。しつこくならないように、基本的な部分のみを簡潔に叱る。

ⓖ 最後に励ます

叱っても最後は助言や励ましの言葉を与えて、期待している旨を伝え、けんか別れにならないようにする。

(4) 育成面接

OJTにおいては、PDSのすべての段階で面接を効果的に実施して部下を指導する。計画の段階では、OJTの目標と自己啓発目標を一致させるために、実行の段階では適切な動機づけのために、検討の段階では成果の確認とフォローアップのために、それぞれ面接を行うと育成効果が上がる。

面接を行うときは、次の点に注意する。

① 相手に語らせる

上下関係をできるだけ意識させないよう配慮し、「積極的傾聴」（後述）の姿勢で、相手の話が終わるまでよく聴く。相手が寡黙な場合は、気づまりになってつい上司の側がしゃべってしまうが、少し我慢して相手が口を開くのを待つ。

気楽な雰囲気を作るために、いわゆる世間話から入るのもいい。

② 上司の意見を一方的に押しつけない

上司の判断は長年の経験に基づくだけに、正しい場合が多いが、それを部下に頭ごなしに押しつければ、部下は反発が先に立って聞く耳を持たない。結論を急がず、じっくり話し合う中で、部下が自然に納得するようにもっていく、共に考える態度が大切である。

③ 説教しない

いわゆる「説教」をしても、あまり効き目はない。説教は小さいときから耳にタコができるほど聞かされている。部下のた

めを思って忠告や助言をしているつもりでも、部下は説教と受け取って素直には聞かないものである。

④　上司の過去の経験をあまり語らない

　上司はともすれば自分の若いころの苦労話をしたがるものである。それはそれで若い人の参考にはなるのだが、「自分の若いときに比べると、今の若い者は苦労が足りない」といった結論に飛ぶと、若い人は「昔は昔、今は時代が違う」と考えて、話についてこない。成功談や自慢話もあまり快いものではない。語るなら失敗談がいい。失敗談をすれば「こんな立派な先輩にも、仕事ができない時代があったのだ」と思って、親近感を抱くし、「自分も努力すれば、できるようになる」と希望を持つだろう。

(5) **学習の法則に基づいた指導**

　以下にあげる学習の法則は、教える側に立つ人の知識として心得ておくと、学習（訓練）の時間が短縮され、効果が高まる。

①　動機づけ

「馬を水辺まで連れて行くことはできるが、馬に水を飲ますことはできない」とはよく言われることである。馬が水を飲む気にならなければ、水を飲ますことができないのと同様に、教育においても、本人に学ぶ意欲がなければ、決して学ばすことはできない。

　本人が学習する意欲を起こし、その意欲を持続するよう動機づけられていることが学習の第一歩である。学習の動機づけの具体的方法としては、次のようなことが考えられる。

　　ⓐ　興味をひく

学習しようとすることが、学習者にとって興味のあるものでなければ効果は上がらない。あくびをかみ殺しながら教育を受けるのでは、何も頭に入らない。教える側はいかにして学習者の興味をひくかについて、工夫をこらす必要がある。

　　ⓑ　目的をはっきりさせる

　仕事が分業によって細分化され、何の目的で仕事をやっているのかわからないと、仕事に意義を見出せず、能率が上がらなくなる。学習するときは、何のためにそれを学ぶかを明確に示す。

　　ⓒ　結果を知らせる

　いまどこまで進んでいるか、どんな成績を上げつつあるかを知らせると、本人に達成感を与え、よい動機づけになる。

　　ⓓ　賞賛する

　賞賛が学習効果に大きな影響を与えることはすでに述べた通りである。教える側の望む水準にまで達しないとほめないというのでは、なかなか賞賛の言葉は出てこない。だれでも赤ん坊がやっと歩けるようになったとき、「あんよは上手」と言ってほめる。「歩き方が遅い」と文句を言う人はいない。

　学習段階の賞賛の基準は、以前に比べてどのくらい進歩したかである。

　　ⓔ　競争させる

　競争させることも動機づけには有効である。ただし、競争させると、仕事量は上がるが、質が落ちる傾向が出てくる。また、競争が過度になると緊張感が高まって、その場の雰囲気が悪くなることがある。競争させる内容とさせ方の吟味が必要である。

②　準備（レディネス）

効果的な学習をするには、心理的準備（レディネス）が必要である。ここで言う準備とは、先に述べた教える側の準備ではなくて、習う側の準備のことである。

　例えば、学習者を二つのグループに分け、一つのグループには、ある図案を「記憶しなさい」とだけ指示をを与え、他のグループには、「図案の中の物の色や位置についても気をつけるように」と指示すると、記憶の結果が著しく違ってくる。事前に学習者が注意すべき点を指摘しておけば、学習効果はずっと高まる。

　これから学ぼうとすることについて、どんな予備知識、関心があるかもレディネスである。また、学習に対する不安感や緊張感は、学習意欲を低下させたり、自信を失わせたりする。教える側は学習者のレディネスについてあらかじめ知っておかなければならない。

　レディネスの度合いは、次の諸点について調べるとよい。

　　ⓐ　健康状態

　病気のときは、これから学ぼうとすることに注意が集中できない。また疲労しやすい。

　　ⓑ　学習グループの雰囲気

　グループの雰囲気が情緒的に安定して学習に適当か。

　　ⓒ　一般的能力、知識

　教えられる内容を理解できる知識、運動能力など。

　　ⓓ　興味、関心

　これから学ぼうとすることについて、もともと興味、関心があるか、好奇心が強いか。

　　ⓔ　経験

これからやろうとしている仕事について、過去に経験があるか。

③ 疲労

学習や作業をしていると、初めは能率よく成績も上がるが、そのうちに疲労して、いくら努力しても能率が上がらなくなる。学習するときは、なるべく疲労が起こらないようにし、もし疲労が起きたら、できるだけ早く疲労を除くようにする。

学習と疲労に関しては、次の諸点に注意する。

ⓐ 記憶、理解などの精神的作業は午前中、実習、運動などは午後のほうがいい。

ⓑ 1週間の作業能率を見ると、週の初めは高能率、以後漸減し、週末にやや上昇する。

ⓒ 1回の学習の持続時間は、成人の場合60分から90分である。これを過ぎる場合は、5～10分の休憩を入れる。1日の持続時間は6～8時間である。

ⓓ 教え方（教材の取扱い方、厳しすぎる訓練、皮肉、罰等）も疲労の原因となる。個人指導はクラス指導より疲労しやすい。

ⓔ 疲労の回復は休憩初期に著しく、休憩が進むにつれて効果がゆるやかになる。あまり長い休憩時間をとる必要はない。

ⓕ 作業時間を長くすると、それにつれて疲労回復に要する時間も長くなるので、短い間隔で短時間休憩するほうが、長い間隔で長時間休憩するより効果的である。

④ 反復練習

知識や技能は繰り返して使わなければ忘れてしまう。忘却曲

1 部下育成

エビングハウスの忘却曲線

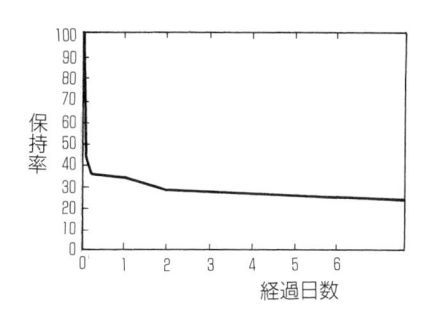

線でもわかるように、普通は最初の24時間の間に最大の忘却が起きるので、このとき復習すればよい。

知識、技能は必ず繰り返し練習しなければ身につかない。管理者が部下に対して復習の機会を与えないでおいて、「これは半年前に教えたはずだ」と叱責しても、それはムリというものである。

⑤ 五感の活用

人が情報を得る窓口は視覚、聴覚、触覚、嗅覚、味覚の五感である。このなかで最も印象が強いのは視覚である。言葉だけで何回も説明するより、現物を見せる、現場へ行ってみる、図を描くなど、視覚に訴える学習方法を取り入れると、学習者は記憶しやすい。まさに「百聞は一見にしかず」である。

また、一つの感覚だけを使うより、二つ以上の感覚を使うほうが効果が大きい。一般に図や絵を見せながら音を聴かすという方法がとられるのはこのためである。

⑥ 自信

学習には多分に心理的な影響がある。「できると思えばできる」

という言葉があるように、「できる」という前提に立てば、成功に向かって努力するから、物事が良い方向に回転し始める。反対に「だめだ」と思い込んでいれば、何の努力もしないから、結局不成功に終わる。

　例えば、指導者が学習者に次のように言ったらどうなるだろうか。
「さあ、あなたにできるかな。こういうことはあまり得意ではないようだね。経験もないのでは難しいかもしれない。まあ1回やってごらん。あまりうまくいかないね。やっぱりダメだ。あなたにはできないよ」

　これでは完全にできない人ができ上がる。

　これに反して、
「あなたはこの仕事の経験はないんですか。なくても一向にかまわない。別に難しいことはない。すぐできるようになるよ。では、やってみようか。そうそう、そういう具合にやるんだよ。そこのところはね、もう少しゆっくりやるともっとうまくできるよ。その調子その調子。あなたは案外のみ込みが早いね。もう1回やってみようか。そう今度のほうがずっと上手だね。少し慣れれば完全になる」

　というように指導すれば、学習者は自分にもできるという自信を持つようになる。自信は進んで仕事を覚え、仕事を完成させようとする動機につながる。

2 コミュニケーション

1 コミュニケーションの2側面

　コミュニケーションは組織の中で人々を協同させるための神経のような働きをしている。目標、方針の伝達、指示命令、報告、ノウハウの伝授、話し合いなど日常の管理活動のすべてにコミュニケーションが介在している。

　コミュニケーションには二つの側面がある。一つは情報の伝達というべきもので、指示、報告、連絡などによって、仕事上必要な情報を伝えることである。言い換えれば、その情報を欠いては満足に仕事が進められないような情報を、必要な人に正確に伝えることである。この種の情報は組織活動の源になるもので、必要にして十分な内容が確実に、タイミングよく伝わることが肝要である。情報伝達は活動の質や成果を左右する。

　もう一つの側面は意思疎通というべきもので、人々がお互いの気持ち、意欲、感情などを理解し合うことである。これは職場の人間関係を決める最も重要な要因であるから、管理者はこの側面のコミュニケーションの円滑化にも努力しなければならない。

2 情報伝達

(1) 情報発生源としての「現場」——情報の入手

とかく"良い情報"は管理者のところに早く届きやすい。"良い情報"とは「成功した」とか「問題が解決した」といった、管理者を喜ばせる情報である。

反対に、「失敗した」「問題を起こした」「期待通りの結果が出ない」などの"悪い情報"はなかなか上がってこない。人間の心理として悪い情報は隠したいものである。部下が悪い結果を挽回しようとして、対策を講じているうちに連絡が遅れることもある。

しかし、管理者としては、悪い情報こそ早く得る必要がある。事態がさらに悪化するのを防ぐために、あるいは問題を芽のうちに摘み取るために、正確な、粉飾のない情報の入手が欠かせない。

管理者が現場から正確な情報を入手するためには、次のような点に気をつける。

① 報告を義務づける

上司は部下からの報告によって、仕事の進行状況や問題点をつかみ、必要な調整や処理をして行くのだから、報告が正確になされないと、状況に応じた正しい判断や指示ができないことを日頃からよく部下に言いきかせておく。

部下のなかには、任されたことは結果報告しなくていいと思っている者がいるが、これはとんでもない心得ちがいである。上司は「仕事が人を育てる」ことを承知しているからこそ、部下にとって少し難しい仕事でも、思い切って任せている。だから、内心ハラハラしていることもある。今どうなっているか、途中経過や結果を早く知りたい。その上司の胸のうちを部下に知らせ、部下に報告は義務であることを理解させる。

報告は密に

② 忙しそうにしない

上司が忙しいと、部下は報告しようと思っても、つい遠慮して、後にしようと引き返してしまう。それで報告が遅れ、後で「なぜもっと早く言わない」と雷を落とされたのでは、部下としても立つ瀬がない。情報を得たければ、忙しくても、忙しそうにせず、泰然自若としていることである。

③ 叱らない

悪い情報に接したときに、一方的に叱りつけたり、部下だけに責任があるような態度を取ってはいけない。だれでも悪い情報を聞くのは心地良いものではない。不快な感情が伴うのは仕方ない。しかし、それを露骨に顔に表して部下を叱責したのでは、部下はこの次から悪い報告をすることに二の足を踏む。

まずは、悪い情報を上げてきた勇気を受け止め、部下とともに対策を考える姿勢をとるべきであろう。こういう管理者の態度が上下の信頼関係を生み、悪い情報ほど早く伝える職場風土を作るのである。

　④　自分の足で情報を集める

　管理者は部下の報告を待っているだけでなく、自らこまめに現場へ出かけ、作業者と気軽に話したり、質問したりしながら情報を取って歩くべきである。

　ある食品メーカーのF工場長は、どんなに忙しくても、必ず1日1回工場内を巡回して歩いた。巡回すれば気軽に作業者に声をかけるので、作業者も工場長が巡回して来るのを心待ちにしているようなところがある。しかも、単に歩きまわるだけでなく、必ず問題を一つや二つは見つけて来て、担当の管理者に話した。

　「製造3課のE君はこの2、3日顔色が悪いし、元気がない。どこか体に悪いところがあるんじゃないか」とか、「最近入れた製造2課の自動包装機は故障で止まっていることが多い」とか、「製造日報をつけている作業者に、何のためにつけているのかと聞いたが、つけろと言われているから、つけているという返事で、目的を理解していない。あれではダメだ」と言って、管理者に善後策を講じさせた。

　⑤　感性と問題意識を高める

　現場から情報が発信されているのに、それを受ける管理者の側が見落としたり、価値のない情報と思って捨ててしまうことがある。受信するアンテナの感度を高くしておかなければ、情報は素通りしてしまう。自己の職務について「何か問題はない

2 コミュニケーション

か」「もっと改善できないか」と考える習慣が感性と問題意識を高める。

　ある船舶メーカーで、欧州向けモーターボートの最終仕様を決定する時に、現場から出ている情報が活用されず、機会損失を招いた例がある。

　すでにテスト製品を市場に流し、調査が市場面でも技術面でも行われた上で、仕様決定の会議が持たれた。営業部門からは、「テスト製品について顧客から性能上の意見を聞いたところ、運転走行中のエンジン音が大きいとの声が多い。この点を改善して最終仕様とすべきである」との主張がなされた。一方、技術部門では、この情報は前からわかっていたので、競合機種と同社テスト製品とのエンジン音の比較試験データを取っていた。営業の意見に対して、技術部門はデータをもって反論した。確かに、そのデータの示す限り、同社製品は他社競合製品よりもエンジン音は小さかった。

「そんなはずはない。もう一度テストしてくれ」という営業部門。「テストは何回も繰り返した。データは間違いない」と譲らない技術部門。果てしなく議論が続くなかで、欧州に滞在したことのある生産技術担当が、こんなことを言い出した。「欧州では、ボートを中速で運転していることが多い。エンジン音も中速運転時のものを考えるべきではないか」

　しかし、会議の席上ではこの意見は取り上げられなかった。日本では高速運転時の性能こそ問題だったからである。結局、仕様はデータをもとにした技術部門の意見で決められ、本格生産に入った。ところが、欧州向け輸出は予想したほど伸びなかった。営業部門は伸びない理由として、「エンジン音が大きすぎ

る」という主張を繰り返し、技術部門は「販売努力が足りないのだ」とやり返していた。

それから5年を経過して、相変わらず売れ行きの伸びない実態を究明しようと、調査チームが組まれ現地に派遣された。そこで発見されたのは、当時生産技術担当が提供した情報と同じものである。つまり「中速運転時のエンジン音が競合他社製品より大きい」という結論である。当初、技術部門から出されていたエンジン音の比較データは高速運転時のものであった。

調査チームの結論は早速とり入れられ、改善がはかられた。技術的にはそう困難な問題ではなかったのである。改良機種は欧州で順調な売れ行きを示したが、5年間の機会損失はかなり大きなものであった。(このモーターボートの事例は上原橿夫著『職場の行動科学』産能大学出版部による)

(2) 情報の加工

情報は収集するだけでなく、その情報を何のために使うかという目的にそって加工する必要がある。加工とは情報の取捨選択、情報(データ)の分類、整理、計算、統計的処理、図解、新しい情報の追加などをいう。情報の加工は料理のようなものである。食品の素材に味つけしたり、手を加えると食べやすく美味になるように、情報も加工すると、見やすく理解しやすいものとなり、問題点や要改善点が明確になる。職場で情報を加工して役立てている簡単な例を二、三あげてみよう。

① 資材課のM係長は、使用材料を金額の大きい品目の順に並べてパレート図を作っている。この図を作ってわかったことは、使用材料品目数ではほんの10%の材料に使用総金

額の70％を支払っていることである。これらの品目をA品目とした。あと使用材料品目数では40％を占めるが、金額でみると20％のグループをB品目とし、さらに品目数では50％を占めても、金額では10％に過ぎないグループをC品目とした。

　購買計画、発注、在庫管理に費やす労力は限られているので、すべての品目に最大限の注意を払うことはできない。そこでA品目は厳しい管理を、B品目は普通に、C品目は簡単な管理ということにしている（これをABC管理という）。

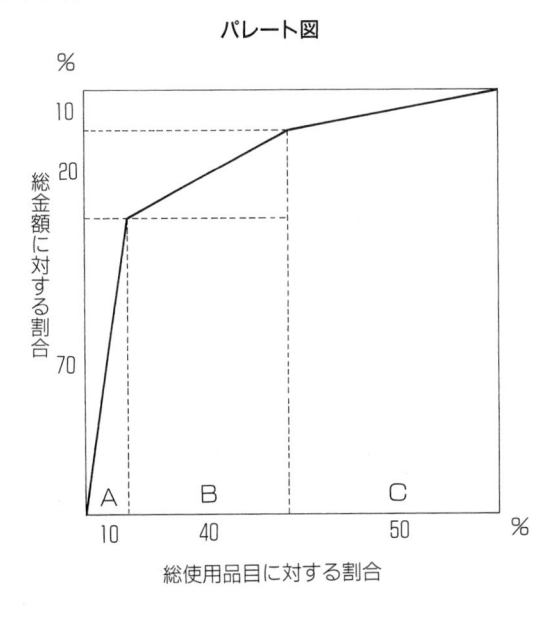

パレート図

(図：総使用品目に対する割合を横軸、総金額に対する割合を縦軸にとったパレート図。A：10％、B：40％、C：50％)

②　N社人事部では同業各社の付加価値労働生産性と労働分配率を毎年計算し、時系列のデータにして、自社のものと比較している。付加価値労働生産性とは、付加価値を労働

者数で割ったものであり、労働分配率とは付加価値に占める人件費の割合である。付加価値は売上高から材料費、外注加工費等の外部購入価値を引いて求めている。情報源は公表される各社の有価証券報告書であり、この中の損益計算書、製造原価報告書から数字を拾っている。

　N社の労働組合は「社員は毎日一生懸命働いているのに給料が安い」とよく言うので、業界他社と単に給料の高い低いを比べるだけでなく、社員の働き度合（労働生産性）や付加価値の配分（労働分配率）も比べてみようと資料を作り、労使の話し合いの材料にしている。

③　ある企画会社が東海地方の都市駅前の商店街から相談を受けた。「うちの商店街は最近売上げが伸び悩んでいる。駅の近くにはビジネス街もあるし、観光地としての実績もある。立地としてはそう悪くないのだが、なんとか活性化の相談にのってほしい」というものだった。担当者は「ともかく足だ」と考え、商店街の現状を徹底的に洗った。店を一軒一軒見てまわり、市の商工課でデータをひっくり返し、消費者アンケートで商店街の評判を調べた。この段階で大切なのは「ありとあらゆる分野の細かな事象をとらえること」と信じ、どん欲に足を使って調べまわった。

　こうして、カバンいっぱいの資料を持ち帰った担当者は、これをもとに事実だけをカードに記入し、数百枚のカードとした。カードを会議室の机に広げて、彼はKJ法を用いて整理したのである。まずカードをじっくりと眺め渡し、「似た要素のカード」を集めて、それらのカードをまとめるキャッチフレーズをつけた。全体がまとまると、大きな用紙

にカードをレイアウトして貼りつけた。

　これを見ながら、この商店街の問題は「若者向けの店が多く、その統一性がない上、近郊の家族連れが寄りつかないこと」という結論を出した。このあとその原因を探り、商店街作りの構想をまとめて行くのだが、その詳細は省略する。問題把握の段階でKJ法を用いたことに注目してほしい。(この商店街の活性化の事例は高橋誠著『問題解決手法の知識』日経文庫による)

商店街の現状

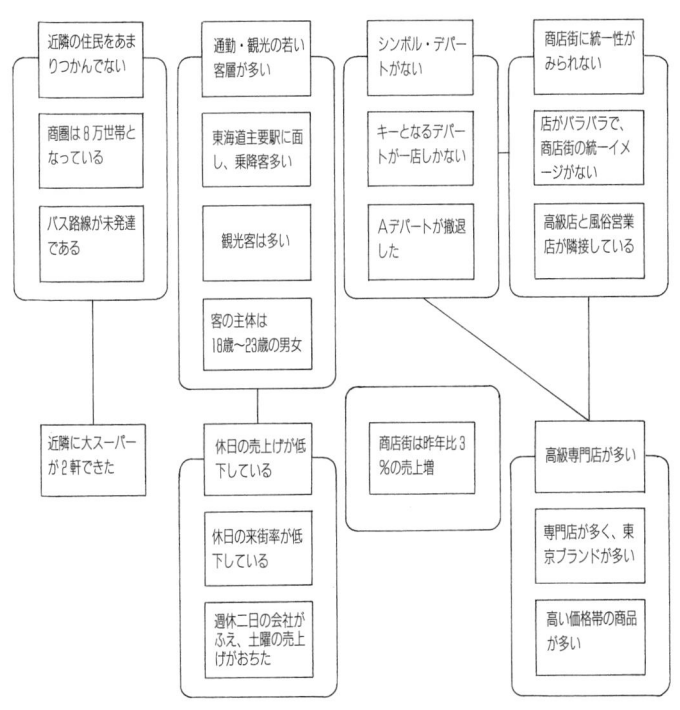

近隣の住民をあまりつかんでない	通勤・観光の若い客層が多い	シンボル・デパートがない	商店街に統一性がみられない
商圏は8万世帯となっている	東海道主要駅に面し、乗降客多い	キーとなるデパートが一店しかない	店がバラバラで、商店街の統一イメージがない
バス路線が未発達である	観光客は多い	Aデパートが撤退した	高級店と風俗営業店が隣接している
	客の主体は18歳～23歳の男女		
近隣に大スーパーが2軒できた	休日の売上げが低下している	商店街は昨年比3％の売上増	高級専門店が多い
	休日の来街率が低下している		専門店が多く、東京ブランドが多い
	週休二日の会社がふえ、土曜の売上げがおちた		高い価格帯の商品が多い

以上は情報の加工のほんの一例である。われわれは、これと同じような情報の加工を、毎日のように仕事の中でやっている。加工を上手にやるかどうかで、出来上がった資料やデータの明瞭性には格段の開きがでる。自分が今までやってきた情報の加工が最上のものであったか、もっと良い方法がないかを見直してみよう。

　情報の加工の方法としては、既知のものがいろいろある。品質管理によく使われるパレート図、ヒストグラムなどの図解、情報整理の方法としてのKJ法、セブンクロス法、計画立案の技法であるPERT、文章を作成する時に用いられるカード法などを覚えておくと便利である。

　なお、情報の加工は、取扱う情報が大量で数量化されている場合には、コンピュータを使うとよい。最近は市販のパソコンソフトが豊富になり、これらを利用して簡単に作表やグラフ化ができるようになった。

(3) 情報の伝達

① 情報伝達の原則

　ⓐ 誤解を防ぐ

　情報の受け手はそれぞれ自分の知識、経験、確信などに基づいた理解の枠組みで情報にフィルターをかける。同じ情報でも、受け手によって強く印象に残るところ、印象に残らないところが違うのである。試みに、会議のとき自分の発言を部下全員に記録させてみるといい。記録は十人十色のものが出来上がる。

　ある会社で業績がいつまでも低迷しているとき、社長がこんな発言をした。「こんなことでは会社の将来が危ぶまれる。若い

社員を預かる責任の重さを考えると、若い社員は有望な会社に移ったほうがよいと思うくらいである」社長は若い人の将来を心配し、全社員に奮起してもらいたいと思って言ったのだが、多くの若い人は「社長は会社をやめて、よそへ行けと言っている」と受け止めた。

ⓑ　わかりやすく

情報を受け手が理解しなければ、受け手にとってその情報は何の価値もなく、受け手は行動を起こさない。理解されない情報は雑音と同じである。情報の伝え手は、当然のことながら、その伝えようとする事柄をよく知っている。そのため、表現されたものに出し足りない情報があったり、情報を出す順序が悪くて、わかりにくくても、そのことに気がつかないことが多い。例えば、新入社員に仕事の説明をするとき、つい、いつもの癖で、専門用語を使ってしまう。用語の説明がなければ、新入社員には何を言っているのかさっぱりわからない。

また、一般的に抽象的な表現は理解しにくいので、具体的な例をあわせて提示するとよい。

ⓒ　興味を喚起する

人は興味を持っていることについては、自分から情報を得ようとするが、興味のないことについては、どれほど情報を伝えようとしても、受けつけない。情報を伝えようとする相手の関心の度合いを測り、もし関心が低いようであれば、伝えることをあきらめるか、何らかの形で興味を喚起しなければならない。興味を引くには最初が肝心である。「耳よりの話だ」「面白い話があるよ」などきっかけの言葉で引きつけるのも一法である。興味を喚起せず、とうとうと話しまくっても、あくびを誘発す

るだけであり、長い平板な報告書を書いても、紙くずを増やすだけである。

　ⓓ　印象を強くする

　情報の受け手に一度理解されたことでも、あふれる情報の中では色があせ、やがて忘れられてしまう。相手の脳裡にその情報を焼きつけておくためには、強調したり、意識的に繰返したり、視覚と聴覚に同時に訴えるなど、工夫が必要である。

② 情報伝達の技術

　ⓐ　口頭表現力

　納得のいく話の運び方、相手の心に食い込む言葉づかい、相手を思わず引き込む巧みな比喩など話し方の技術を身につければ、情報伝達のこの上ない武器を手にいれたことになる。話し下手を自認している人は話し方を練習するとよい。自分では話し下手だと思っていない人も、第三者に聞いてもらって、評価を受けることをすすめる。もっとも、立て板に水を流すように、流暢にしゃべるのが常によいとは限らない。伝え手が話しているとき、受け手は言葉だけを聞くのではなく、語調、表情、態度、身ぶりなどもあわせて見ている。伝え手に熱意がなければ、それが態度に表れて、いくら言葉が巧みでも迫力が出ない。

　ⓑ　文章表現力

　かつて会社内には連絡書、報告書、提案書、企画書など、もろもろの文書が行き交っていた。今これらは順次電子化され、紙を使わなくなったが、文書であることに変わりはない。文書は話すことと違って、語調、表情、態度を伝えることができないし、繰り返しや強調にも限度がある。そういう制約のなかで情報を伝えなければならないから、一般的には書くことのほう

が話すことよりも難しい。

しかし、読みやすい工夫をすることは、だれにでもできる。文を短くするとか、箇条書きにするとか、A4判1枚相当以内にまとめるとか、そんなことを心掛けるだけで、読みやすさはかなり違ってくる。

ⓒ 視覚に訴える

先にも述べたように、視覚は五感の中で最もインパクトが強い。視覚に訴えることは、それだけ効果が高いのだから、図表、映像（ビデオ、写真）スケッチ、略図、実物見本、フローチャートなどを大いに利用すべきである。企画書や報告書に図表が入っていると見やすく、わかりやすい。

ⓓ レトリック

レトリックとは言葉や文章の巧みな表現方法をいう。しかし、ここでは話し言葉や文章に限らず、あるまとまりある情報を伝達するとき、構成要素となる情報をどのように空間配置し、どのような順序で時系列に並べるかを指すことにする。

例えば、最近の本は文の行がえや行あけが頻繁に行われていて、その上写真やイラストが多く配置されているので、全体として活字が少なく、読みやすくなっている。これは構成の問題である。その他にも強調したいところにアンダーラインを引いたり、キーワードをゴシック文字で太くしたりの工夫ができる。

よく「結論から先に述べよ」と言われるが、10回に1回くらいは、結論を後にして読み手や聞き手をじらしながら、興味をつなぐというのもいいだろう。

③ 情報伝達の心がけ——習慣形成

「おい、あの計画とりやめになったそうだ」

「えっ、本当か、いつ決まったんだ」
「おとといらしい」
「それを早く知っていれば、こんな無駄な仕事をやらなくてすんだのに。2日も棒に振ったぜ。何故もっと早く知らせてくれなかったんだ」
「オレも知ったのはたった今だ。課長はもっと前に知っていたかもしれないが」

　これはどこの職場でもよく見かけるやりとりである。情報が伝わらないために、仕事の効率が悪くなったり、メンバーの動機づけが阻害される例は数限りない。情報はなぜ流れないのか。それは皆が情報を収集しないせいでもあるが、それ以上に人々が情報を伝達しようとしないからである。情報を伝えないのは、意図的にそうする場合と、何の意図もないが、結果として伝えてない場合とがある。

　前者は情報を入手した者がこれを独占し、何かに利用する場合である。自分の職場だけ業績を上げようとして、ほかの組織に有用な情報を流さないとか、自信のない上司が、部下をコントロールするために情報を小出しにする（例えば、部下の立てた計画を新しい情報を出して修正する）などがこれに当たる。同じ会社の中でこんな姑息なやり方をすれば、評判を落とすこと請け合いであるが、社内コミュニケーション論の盛んになった今日、さすがにこういう事例は少なくなった。

　後者は、他意はないが、うっかり忘れていたとか、情報を流すべき相手を思いつかなかったという場合である。情報を入手したら、これはどことどこに関係のある情報か、だれとだれに伝えるべきかがパッとひらめき、ただちに必要な連絡先に全部

伝えてしまうようでないと、必ず漏れが出る。伝えようと思っていても、先に別の用件をすましているうちに忘れてしまったとか、電話したら先方が不在なので「後で」と思っているうちに忘れてしまう、というのはよくあることだ。

組織の中で情報の流れが悪いと、定期的に情報伝達会議を開いて、メンバー同士の情報交換を図ることがあるが、そんなことをしても、コミュニケーションはたいして良くならない。会議は毎日開くというわけにはいかない。せいぜい週１回くらいのものである。そうなると会議の直後に入手した情報は、１週間後でないとメンバーに伝わらない。仕事に直接関係する情報は、会議以外の手段で即座に伝わるようにしておく必要がある。

情報伝達とは何よりもまず、習慣の問題である。伝えるべき相手を漏れなく思い浮かべ、こまめにその相手先に伝えるという習慣が形成されているかどうか。相手が不在ならば伝言を頼むとか、要点をメモして相手の机の上に置いてくるとか、必ず伝わる方法を考えて、とにかく忘れないうちに伝えてしまう。そういう習慣を身につけることが大切である。

管理者が連絡がこまめで、即座に全部手配を終わってしまうようであれば、言って聞かさなくても部下は感化される。しょっちゅう課長や係長から連絡の矢が自分たちに飛んできて、自分たちも連動して機敏に動くことを繰り返すようになるからだ。連絡が遅れたら、そのつど注意されるという仕事環境にあれば、いやでも手回しよく、機敏に連絡しあう習慣が定着する。

情報伝達は業務上必要な最低限の情報だけでなく、仕事の全体像とか背景まで伝えるようにするのがよい。特に上司と部下という関係では、上司は「あれをやれ、これをやれ」と仕事上

の指示、命令はするが、「なぜそれをしなければならないのか」「何のためにそれをするのか」を説明しないことが多い。これでは部下は「自分は上司の手足に過ぎない。ただ言われたことを言われた通りにやっていればいい」と思って、仕事に対し自ら主体的に取組まなくなってしまう。

意欲的で仕事に慣れた部下は、状況を知らせただけで、今ここで何をしなければならないかを悟り、必要な行動を起こすものだ。情報はなるべくふんだんに流して、部下の自主性で仕事に取り組むように仕向けることが望ましい。

③ 意思疎通

意思疎通は人と人との間に協力関係を作り上げる源泉である。お互いに気心が知れているからこそ、相手に協力して一緒に仕事をする気にもなる。職場内の意思疎通をよくしていくためには、まず管理者が率先してその手本とならなければいけない。この面で管理者が心がけるべき基本は次のようなことである。

(1) その場で必要な意思疎通を図る

相手が何か話したいと思って近づいて来たとき、「今他の問題で頭がいっぱいだ。後にしてくれ」とか「今その問題を取り上げている暇がない」などと言って相手を追い払ってはいけない。たとえ短時間であっても、「今その場の」意思疎通を大切にしなければならない。部下は何か重要な事実に気づいたのかもしれないし、ちょっとしたいいアイデアを思いついたのかもしれない。そんなときは、上司や同僚にそのことを伝えたくなるもの

だ。後にしたのでは、相手に伝えようとする意欲がそこなわれ、「もう、どうでもいい」という気になってしまうものである。

(2) 仕事を離れてもつきあう

われわれは職場の人々との関係を、単なる仕事上のつきあいをするだけに終わらせたくないと思っている。仕事を離れても、人間対人間としてつきあい、お互いに理解しあいたいという気持ちを持っているのである。仕事を終わって一緒にスポーツをしたり、酒を汲み交わすのはそのためだ。私的なつきあいをすれば、仕事では見られなかった一面をお互いに知って、次第に親密になり、それが仕事の関係にも好影響を及ぼす。

管理者は部下の個人的な相談に乗ったり、部下相互の意思疎通の場を意図的に設けたりして、私的な交流を図るように心がけることも必要である。

(3) 人の話を共感的に聴く

管理者はその役割上、話し手になることが多い。自分の意図をいかに部下に誤りなく伝えるかに努力を傾けるのはよいが、そのためにいつの間にか、伝え手の役割しかせず、聴き手になることができなくなってしまうことがある。部下の話を聴きながら、相手の話をさえぎって、こちらの評価(良い悪いの判断)や指示(こうしなさい、ああしたほうがよい)を伝えたがる。これでは双方向の意思疎通はできない。

部下が自分の思いや考えを上司に理解してもらったと感ずるまで、聴き手になって、十分話を聴くことが部下との人間関係をより良いものにする。

人の話を聴くときは共感する態度が大切である。共感とは相手の立場に立って、相手と共に喜び、悲しむ、つまり感情を共にすることである。共感的に聴いてもらった人は、自分の感情（特に怒りや悲しみの感情）が流れ去ることを実感するだろう。仲のよいサラリーマン同士が酒席でお互いの鬱屈した感情を述べあうのは、それが手っ取り早いストレス解消法だからである。

　だから、意思疎通のレベルのコミュニケーションでは、結論を急いではいけない。情報伝達においては冗長になるのを避け、結論を先に、簡潔に、過不足なくと心がけることが大切である。だが、意思疎通の場合は、結論に至るまで紆余曲折があっても、時には結論がなくても、その話をさえ切らずに最後まで聴く。話している過程そのものが、相手の感情の表現なのだ。それを丸ごと受け止めるのである。

　相手の話を共感的に聴くには、それなりの心構えと技術が必要である。その心構えと技術が「積極的傾聴」である。

④ 積極的傾聴

(1) 助力的人間関係

　人は何か困ったり、悩みごとがあるとき、だれに相談するだろうか。中学生や高校生に聞いてみると、まず親とか学校の先生とかいう答えは返ってこない。なぜそういう人達に相談しないのかといえば、言うことが決まっているからである。

「おまえのしていることは、こういう点が良くない」

「そんな考えではダメだ」

「こうしなさい」

「ああすべきだ」

と判でついたように紋切り型のお説教をされるのでは、だれも相談に行かなくなるのは当然である。

会社の上司の中にも「仕事上困ることがあったら、いつでも相談に来なさい」と言っておきながら、いざ部下が相談に行くと、頭ごなしに叱りつけたり、ただ「頑張れ」と激励するだけという人がいる。これでは、上の紋切り型の説教と大差がない。

説教というものは、たとえ、話の内容が相談に来た人のためを思ってなされた忠告であっても、そういう話自体は、人の態度、行動を変える力を持っていない。古来、世の中に人のためになる話は満ち満ちている。しかし、その話でほとんどの人は自分の態度、行動を良い方向に変えることはなかった。良くないと知りながら、ついやってしまう、あるいは、良いことと知りながら、なかなか実行できないのが一般の人の姿である。

では、人はどんなときに自分の態度、行動を変えるのだろうか。どんなに正しいことでも、他の人から押しつけられたのでは、むしろ抵抗感を起こすだけである。簡単なことでも自分で発見し、「こうすべきだ」と心の底から気づいたとき、その人の態度、行動は変わり始める。

だから、困っている人を援助しようと思ったら、言葉や物を与えるのではなく、その人にどうすればよいかを気づかせるのが最もよい。人と人とがこのような関係にあるとき、これを助力的人間関係という。助力的人間関係とは、困っている人に何かをしてあげることではなく、一方が他方を一個の人間として尊重し、その自立を援助することである。

(2) 助力的人間関係の基盤

助力的人間関係が成立するためには、助力する側に次のような基本的態度がなくてはならない。

① 受容

受容とは相手の気持ちや状況をありのままに認めることである。これは賛成したり、ほめたりすることではない。肯定も否定もせずに、相手やその感情をそのまま受け入れるのである。「人はだれでも自分と同じように感じ、考える」とわれわれは思いがちであるが、実はそうではなく、家族や自分の身近にいる人でも、自分とは異なった感情や考え方を持っている。人はそれぞれ独自の存在であり、自分自身になることに喜びを感ずる。それゆえ、自分自身であることを許されるような条件のもとで、自分の在り方を考えることができるようになる。

例えば、一人の高校生が「ぼく、もう学校なんか行かない。就職する」と言い出したとする。普通の親なら「とんでもない。今どき高校も出ないで、どんな就職口があると思っているの」と叱ったり、忠告したり、はては哀願したりするだろう。受容とは、こういう態度ではなく、「学校なんか行きたくないという気持ちなんだね」と応じる態度である。断っておくが、これは子供の決心を肯定することではない。子供のその時の気分や感情を肯定も否定もせず、「君の状況はこうなんだな」とそのまま受け止めることである。

こういう受容的態度が助力的人間関係の出発点となる。

② 共感的理解

例えば、今ここに1匹のやせ犬がいるとしよう。それを見て、子供の一人が「あ、子鹿のバンビみたいだ」と言い、他の一人

が「ちがうよ、子ブタだよ」と言ったとする。それを聞いて大人は何と言うだろうか。たいていの人は「これはバンビでも子ブタでもありません。ただの犬です。やせているから野良犬でしょ」と言うのではなかろうか。

しかし、1匹のやせ犬も、ある状況のもとでは、ある人にとってはバンビに見えることもあるし、子ブタに見えることもある。そのとき、われわれは「いまあなたの目から見ると子ブタに見えるんだね」とは言わない。「それは間違いです」とやっつける。共感的理解とは、子ブタに見える相手の目を持つことである。

つまり、共感的理解とは相手と同じ立場に立ち、相手の気持ちや感情をそのまま理解し、相手と同じ心理体験に近づこうとする態度である。自分の枠組みにこだわり、自分の物の見方と異なった見方を受けつけないのでは、他人を理解できない。

だが、人はみな物の見方、考え方、関心、気分、好悪などすべてが違う。他人になり切って、考え、感ずることは極めて難しい。それだからこそ、共感的に理解してくれる人が身近に現れたら、人は何物にも代えられない、力強い味方を得たと感ずるだろう。そして、そのような人間関係の中で、人は自分の思いを吐き出し、今まで気づかなかった自分に気づき、やがて、今までの自分を自分で再検討できるようになるのである。

③　率直さ

われわれは、よく自分の気持ちを抑えて相手に合わせる。例えば、嫌いな人に出会うと、内心では一刻も早く別れたいと思いながら、口先では外交辞令をふりまくのである。社交的に良い雰囲気を作るだけなら、こうした表面的な態度も意味がある。

しかし、相手のために助力したいというときには、こういう態度は役に立たない。何か悩みを持って真実を求めている人を助力するには、こちらも純粋な真実を差し出す必要がある。

以上、助力的人間関係を成り立たせる三つの基本的態度を述べた。助力的人間関係によって、問題状況にある人は、どのように内面の変化をとげるのだろうか。例えば、一人の非行少年は、助力的人間関係の中で自分の在り方を自己批判し、社会適応への道を探り始める。非行少年はもともと現状のままでよいとは考えていない。よくないと知りつつ、やむにやまれず反社会的行動を取っているのである。問題状況は知っているのだから、いまさら「おまえの問題はこれこれだ」と教える必要はない。

彼は、今まで見えなかった自分に気づき、「ああそうだったのか。俺はこういうところが欠けていたんだな」としみじみ感じたとき、「よし、俺はこうしよう」と自らの体勢を立て直しにかかる。それは前からはたの人が言い続けてきたことかもしれないが、聞く耳を持たないときに人から何を言われても、頭に入らなかったのである。自分で納得したとき初めて、内面から力が湧いてくるといえよう。

人はその人自身の内部に人格的発達に向かう力を潜在的に持っている。その潜在可能性が、適切な条件（助力的人間関係）のもとにおかれると、実現性をもってくる。そのとき、人は今までの自己を再検討、再編成し、より建設的、理性的に人生に取り組むようになるのである。

(3) 積極的傾聴

助力的人間関係が成立するためには、実を言うと助力する側の基本的態度が整っているだけでは十分ではない。それに加えて、「積極的傾聴」という行為が必要である。

積極的傾聴とは、相手の話を批判も反論もせず、適切に反応しながら聴くことである。聴く側に何か言いたいことがあっても、それを一時抑えて、相手の言い分をよく聴くと、相手は「今日は十分に自分の気持ちを聴いてもらった。自分を理解してもらえた。胸の中がすっきりした」という気分になり、やがて心の中に前向きの変化が起こるのである。

積極的傾聴は、具体的には次のように行う。

部下の話をよく聴く上司

① 相手が言おうとしていることの全体の意味を聴く

人が他の人にメッセージを送る場合、そのメッセージには二

つの意味がある。

 ⓐ　メッセージそのものの内容
 ⓑ　メッセージの内容の背後にある気持ちや感情

メッセージの背後にあるものまで聴くには、言葉だけでなく、話し手の表情、声の調子、姿勢、目くばりといったものにも気をつけながら、相手の心の内を理解しようと努力する。

② 自分の枠組みを棚上げする

聴き手に先入観や考え方の枠組みがあると、相手の言い分を素直に聴けず、つい自分の枠組みで判断して、相手の言うことを批判・評価したり、勝手な解釈をしたり、はては「こうしなさい」と指示したりすることになる。こうしたことは、すべて積極的傾聴の妨げになる。自分の枠組みを一時棚上げして、相手の言い分を反論せずに聴く。

③ 内容を理解したことを相手に伝える（フィードバック）

相手が伝えてきた気持ちや感情を理解したら、それを言葉にして相手に伝える。フィードバックによって、話し手は自分を理解してもらえたと感ずる。

伝える方法は、次のようにする。

 ⓐ　**相手の言葉を繰り返す**

(例)部下「係長、この作業指示は納得できません。これを今日中にやるのは無理です。他にも急ぎの仕事がたくさん入っているんですから」

 上司「今日中にやれと言われても、無理だってことだね」

 ⓑ　**自分の言葉で言い直す**

(例1)子「母さん、オレ、高校に合格したら、そのあと1年や2年浪人しても、大学へ行くつもりだけど、もし高校だ

めだったら、すし屋になろうと思ってるんだ」

　母「落ちたらすし屋になろうと思うほど、真剣に入試のこと考えてるのね」

(例2)患者「先生、わたし手術するのこわいです。いままで自分の体に傷をつけたこともないし、できたら薬で安全に治していただきたいんです。手術した人の傷あとを見ても、わたしだけはあんなになりたくないと思うし、それに、手術しなくちゃならないほど悪いとも思っていなかったですしねえ」

　医師「そうか、急に手術と言われても、不安でなかなかその気になれないんだなあ」

ⓒ　相手の話を要約する

(例)後輩「僕は3カ月前から、月次の締めの資料を作っているんですが、どうも間違いが多くて、叱られてばかりいます。この間もKさんから、『あなた何回教えたらわかるのよ。これで3度も同じ間違いをしたわ。もう説明しませんからね』と言われちゃいました。

　　ほかにも、請求書に印鑑を押し忘れたり、数量や金額を間違えて客先から苦情が来たり………。その都度自分では注意しているんですが、どうもこまかい事務手続きが覚えられなくて、どこか抜けちゃうんです。

　　それで、今の仕事は僕には向いてないんじゃないかと思いまして………」

　先輩「何回も間違いをしてKさんから叱られたのか。事務手続きが覚えられないんで、今の仕事は自分には向いてないと思うんだね」

3 動機づけ

　現代のマネジメントにおいて、動機づけはこれまでの時代よりもより大きな意味を持っている。かつて権威を持っていた親、先生、上司といった存在が権威をなくし、人々は上の言うことに無条件で従うことがなくなった。また、世の中全体が物質的に豊かになって、金銭の意味が変わってきた。金銭が動機づけ要因としてすべてに優先した時代は去り、ある者は金銭を優先するけれども、ある者は仕事そのものの面白さを選択し、またある者は自己の成長や周囲からの評価を取るというように、価値観が多様化してきた。

　ちなみに、筆者が社員研修を手伝っている大手電機メーカーで、毎年係長級に昇格する人に「わたしにやる気を起こさせるものは」というアンケートを実施しているが、その結果は下表のような順位になっている。(この順位は、毎年ほとんど変わらない)

「わたしにやる気を起こさせるものは」

1位	おもしろい仕事ができる
2位	私のやっている仕事は重要なんだと感ずることができる
3位	仕事をする上では自分の考えをかなり自由にとり入れることができる
4位	給料がよい

5位　一人の人間として尊重されている
6位　仕事の上で他の仲間とうまくいっている
7位　良い仕事をしたときは上司が認めてくれる

　このような時代にあって、マネジメントに成功するためには、組織の構成員が目標達成に向けて望ましい行動をとり続けるよう、一人ひとりを動機づける必要がある。

1 動機づけの方法

　管理者が部下を期待する行動へと動機づける方法はいろいろあるが、一般的なものとしては、以下のような方法がある。管理者はこれらの中から、個人と状況に合う方法を選ぶことになる。

　なお、ここで注意することは、動機づけは人心の操作ではないということである。馬の鼻づらににんじんをぶら下げて、むちで叩くようなやり方は、部下を道具としか見ていないことになる。それは、一時的には通用するかもしれないが、長い目で見ると部下の不信を買い、かえって動機づけをそこなう。上司と部下の関係はお互いに一人の人間として尊重し合うことが基本である。

(1) 目標の設定と共有化

　目標の設定が管理活動の基本であることはすでに述べた。目標は個人の目標と組織全体の目標を設定し、それを組織の全員

が共通に認識するようにすると、組織の一体感が高まる。目標の共有化は、仕事を全員の協力でなし遂げようとする意欲を生み出す。

目標の共有化

(2) 参画させる

意思決定するとき、管理者が一人で決めるのでなく、部下に意見を言わせ、その良い部分を取り入れて決めるようにする。部下は意思決定に参画すると、当事者意識が高まり、自分の仕事として取り組むようになる。

ただし、多数の部下に同時に意見を言わせると、事態が紛糾して収拾がつかなくなったり、管理者が思っているのとは全く別の方向へいきそうになったりすることがあるから、適切な舵取りが必要である。皆が賛成する意見というのは、最も安易な

道であることが多い。多数意見に従っているだけでは、革新的な仕事はできない。初めは少数意見であっても、良い意見であれば支持し、皆をその方向に誘導するのが管理者の役割である。

(3) 興味ある仕事につける

だれでも自分のやりたい仕事、好きな仕事を与えられれば張り切る。管理職はなるべく部下の希望に沿った職務配分を心掛けなければいけない。

もっとも、自分の職場に希望する仕事がないこともあるし、あっても、すでに先任者がいることもある。そういうときは、自己申告や社内募集制度を活用して、広く会社全体の仕事の中から適職を見つけ出す手伝いもしてやるのがよい。自分の職場に縛りつけるのは、人材活用の見地から好ましくない。

また、初めは興味が湧かなくても、その仕事をやっているうちに、やりがいを感じ、興味が出てくることもある。仕事の意味や部下に対する期待を述べたり、さまざまに動機づけたりして、興味を持たせるよう工夫する。

(4) 責任を持たす

例えば、少しくらい間違いをしてもあまり影響がないとか、仕事の結果はすべて上司に点検されるとかいうのでは、本人はあまり責任を感じないし、意欲も出てこない。本人の仕事の習熟に応じて、責任を拡大することが必要である。責任の拡大には職務拡大と職務充実の二つの方向があるが、これについては別項で述べる。

(5) 自由裁量

　仕事は一般的に、自分で決められる部分が多いほど意欲的に取組めるものである。管理者は部下にできるだけ自由裁量の余地、つまり権限を与えるのがよい。権限の委譲についてはすでに述べた。これは責任の拡大と表裏一体のものである。思い切って部下に仕事を任せ、権限を与えたら、管理者は任せっぱなしにしないで、それが成功するよう援助、指導する。

　例えば、部下の決定が間違っていた場合でも、十分検討した上で慎重に自主決定したことなら、とがめるよりもむしろその修正を応援してやる。自由裁量を増やすには、部下が自主的にのびのびと仕事を進められる雰囲気を作り上げることである。部下の誤りをいちいち叱っていては、いくら権限を与えるといっても、部下は失敗を恐れて権限を行使しなくなる。

(6) 情報の共有化

　自分の職場に起こっていることは、何でも知りたいものである。自分の仕事に直接関係がなくても、職場の状況が細大もらさず伝えられれば、人は組織への帰属感や組織成員同士の連帯感を強める。反対に、課長や係長は知っているが、それより下の人は知らないとか、特定の人だけが知らないような場合は、知らない者はのけ者にされたという疎外感を味わう。管理者は部下に「無視された。面白くない」と思わせてはいけない。職場の目標達成状況、問題点などの情報をできるだけ流すようにする。

3 動機づけ

(7) 存在を認める

「君のおかげで仕事がうまくいった」「君がいてくれたので助かった」と心から言われたら、人は改めて自分の存在を感じるに違いない。そして、周囲の人に役立つような行動をさらに心がけるだろう。叱るよりほめることが奨励されるのは、賞賛によって部下が存在感を確かめることができるからである。管理者は部下をほめるときは、単に「ありがとう」とか「よくできている」と言うだけでなく、何がどのように役立ったかを伝えるようにするとよい。

(8) 個人の理解

「士は己れを知る者のために死す」という言葉がある。自分をよく知っている人のためには命を捨てることもいとわずに尽くすという意味である。人は自分のことを、長所も短所も含めてよく知ってくれている人に親近感を抱き、その人と一体となって仕事をしようとする。

　ところが、上司と部下の人間関係を見ると、普通上司は部下をよく知ったつもりになっていても、部下は自分のすべてを知ってもらったとは思っていない。「上3年下3日」という言葉もある。これは、上司は部下を知るのに3年かかるが、部下は上司を3日で見抜くということである。下から上はよく見えるが、上から下は見えないものだ。管理者は、とことん部下とつき合って、部下をよく知るように心掛けることをすすめる。

(9) 達成感を味あわせる

　苦労して仕事を仕上げたときの達成感、満足感は、金銭によ

っては単純に置きかえられない仕事そのものの手ごたえである。この種の満足感は、ほかのもの、例えばスポーツ試合での勝利よりも重みがある。スポーツ試合では必ず勝者と敗者ができ、優勝は限られた人のみに許されている。仕事では皆が勝者になることも可能だし、並はずれた体力、気力がなくても達成感を味わえる。日常のこまごました作業の積み上げによって到達した成果には、日々の生活の重みがそっくり詰まっている。

　そこで、仕事に区切りをつけて、区切りごとに達成度を評価するのがよい。区切りも結果もはっきりしない仕事は張り合いがない。管理者が区切りごとに、達成を部下と共に喜ぶようであれば、次の仕事への意欲も喚起されよう。ささいなことでも見逃さず、達成を評価し、達成感を味わえるようにする。

達成感

(10) 能力の活用

何か人より優れた能力を持っている者が、その能力を仕事に活用できたら非常にやりがいを感じるだろう。部下の能力を活用するとともに、本人が自分の長所や能力を自覚していないこともあるので、良いところを引き出してやるようにする。

(11) 向上心に応える

人はだれでも向上心を持っている。仕事がだんだん手際よくできるようになったとか、仕事を通して自分の物の見方が広くなったとか、そういう自己の成長を実感すると、さらに高いレベルの仕事に取り組もうとする。仕事を通して能力を向上させることは多くの人間にとって喜びである。そこで、仕事のレベルを少しずつ上げて向上心に応える。

② 動機づけ理論の変遷

1911年	テーラー　科学的管理法
1932年	メイヨー　人間関係論
1960年代	マズロー　欲求階層説 マグレガー　Y理論 ハーズバーグ　動機づけ・衛生要因

人はどんな条件のもとで仕事に対して動機づけられるのか。古来このテーマに多数の人が取り組み、学者や宗教家や企業経営者の説がいろいろ発表されている。このテーマは、宗教や人

間観、社会観がかかわっているので、自然科学的厳密さをもって論ずることはできないのであるが、これまでに発表され、実際の企業経営に大きな影響を与えた代表的な仮説をとりあげ、動機づけ理論の変遷をたどってみよう。

(1) 科学的管理法（フレデリック・テーラー）

テーラーの生きた時代のアメリカは、企業規模の拡大、技術革新による大量生産方式の確立、労働組合のナショナル・センターの結成などが一挙に起こり、労使が激しく対立していた。テーラーは労使の協調のために労働者の作業について、科学的、客観的な管理をすべきであると提唱した。

その方法は、大ざっぱに言うと、まず、熟達した作業者の動作と作業時間を観察、測定して、それぞれ標準動作、標準時間とし、標準動作と標準時間によって生産される量を標準作業量として設定する。次に、賃金を標準作業量に基づく出来高払い制とする。つまり、標準作業量を達成したときは高い賃金を支払い、達成できなかったときには収入減とするというものである。テーラーはこの方法を「科学的管理法」と名づけた。

テーラーは、労働者は能率を上げて高い賃金を得られるし、経営者は生産量を上げて、相対的に低い賃金を支払えばすむから、この方法は労使双方にとって利点の多い管理方法であると考えた。科学的管理法は次第に企業にとり入れられ、普及していったが、一方では、労働組合から労働者の能率を最高度に発揮させて、労働者を搾取する技法だとの批判が高まった。労使の対立はやまず、これによって平和な産業社会の発展を実現することはできなかった。

しかしながら、テーラーが標準動作、標準時間による管理方法を開発したことが、大量生産方式による大規模経営を発展させたことは否定しえない。テーラーは産業界に画期的な業績を残したといえる。テーラー以後の能率技師たちの活動は、やがて科学的管理法からIE（インダストリアル・エンジニアリング）手法を生み出し、今日に至ってもさまざまに活用されている。

なお、テーラーは人間労働を工学的に管理しようとする立場に立っている。その場合に人間の集団的結合性は、むしろじゃまになると考え、集団性を解体して、人間を自立した個人として扱おうとした。

(2) 人間関係論（エルトン・メイヨー）

人間を自立した個人として扱うというテーラーの人間観に対して、メイヨーは人間の集団性に注目する。

1924年アメリカのウエスタン・エレクトリック社がホーソン工場で、照明の質と量が作業能率にどんな影響を与えるかについて実験したところ、結果は予想に反して、照明度の増減には無関係に能率の向上がみられた。（第一実験）

そこで、ホーソン工場では、あらためてハーバード大学のメイヨーに協力を求め、1927年、休憩時間、労働時間などの労働条件が作業能率にどう影響するかの実験を始めた。（第二実験）この実験でも、労働条件の良否にかかわらず、生産量は増大したので、メイヨーは、実験に参加した作業者がお互いに親密になって一つの集団になったこと、会社から選ばれたという誇りと責任感を持ったことなどが良い影響を与えたと考えた。

また、1928年には従業員の半数に対し面接を行ったが、日ご

ろ気にかかっていることを面接員にぶちまけるだけで、晴れやかな気分になる人が多いこともわかった。

ホーソン実験から得られた教訓は、次のようなことである。
- **物理的条件である照明や待遇を変えても、生産性はあまり変化しない。それよりも、職場集団に仲間意識が生まれ、集団の結束が強くなると、生産性が向上する**
- **従業員の心情を理解し、人間として尊重するとやる気が高まる**
- **経営者と従業員がお互いの気心をよく知り合うと、従業員は協力する**
- **職場にはインフォーマルな組織が存在し、上司よりも、インフォーマルなリーダーの影響力のほうが大きい**
- **従業員の不平不満は、上司がただ聞いてやるだけで少なくなる**

人間の労働は、物理的条件である照明や待遇を変えることによって、生産性が上がるというよりも、むしろ実際に働く人に対して働きかけ、集団の結集力を高めること、すなわち社会的心理条件を整えることによって生産性が向上するということである。

ここから人間関係論（ヒューマン・リレーションズ）と呼ばれる理論や、実践上の提案が相次いでなされた。人間関係論は、一般的な人間関係のことを述べたものではなく、近代産業で働く人間をバラバラな個人として扱うよりも、社会集団の中における社会的動物と考え、その社会集団の性質を解明しようとしたものである。

提案制度、社内報、カウンセリング、職場懇談会、レクリエーション、自己申告制度、従業員持株制度などは、いずれも人間関係論のなかから生まれた考え方である。

(3) 欲求階層説（アブラハム・マズロー）

アメリカの心理学者マズローは、自己実現した人々の研究から出発して、欲求階層論を提唱した。マズローは人間の持つ無数の欲求を次のような階層に分けている。

欲求の階層

欲　求　階　層		内　　　　容
成長欲求	自己実現欲求	人間がなるところのものになろうとする願望（真、善、美、個性、完全、正義、自己充実など）
基本的欲求	自尊心、他人からの承認の欲求	自尊心：自信、能力、熟練、達成、自立、自由への欲求 他人からの承認：名声、注目、評判、地位、理解への欲求
	愛情、集団所属の欲求	愛情にあふれた人間関係、自分のいる集団で他の人々との愛情関係の一つの地位を占めること
	安全、安定の欲求	危険をさけたい。安定して一貫性のある生活をしたい
	生理的欲求	食、睡眠、性、住など、生活を維持すること

マズローは、こういう欲求は相対的優位の順に階層を形づくっており、人間はその生涯を通して常に何かを欲求し続ける動物であって、一つの欲求が満たされれば、すぐそれに代わってより高次の欲求がとび出してくるという。

現代においては、人々の欲求は多様化するとともに、高度化している。企業経営においても、高次の欲求に応えられるような管理が求められているのである。

(4) Y理論(ダグラス・マグレガー)

マサチューセッツ工科大のマグレガーは、その著書『企業の人間的側面』(1960年)の中で、伝統的な人間行動の制御理論を**X理論**と名付けて、それを次のように要約している。

① たいていの人間は、生来怠け者で、できることなら仕事をやりたくないと思っている。

② 人間は、強制、命令、処罰の脅迫がないと、企業目標達成のために十分な力を発揮しない。

③ 人間は、命令されるほうが好きであって、責任を回避したがり、野心も持たず、何より安全第一を望んでいる。

マグレガーは、このX理論の基本にある人間観は、古くから経営管理に深い作用を及ぼしてきたが、これからは「人間はより高次の欲求充足に向かう」ということを前提にしたY理論に立って管理をすべきだと主張した。Y理論とはおよそ次のような考え方である。

Y理論の見方

① 外から統制したり、おどしたりすることだけが、組織の要請に対して人間を努力させる手段ではない。人間は、自分からすすんで身を委ねた目標のためには、自らにムチを打って働くものである。

② 普通の人間は、条件しだいでは責任を引き受けるばかりでなく、自らすすんで責任をとろうとする。

③ 仕事で心身を使うのは、人間にとってごく当たり前(に必要)なことであり、遊びや休憩の場合と同様である。

④ 目標達成に献身するかどうかは報酬次第である。最大の報酬とは、自我欲求や自己実現欲求の満足である。
⑤ 組織上のさまざまな問題を解決するために、自らすすんで創意工夫をこらしたり判断したりする能力は、大多数の人間に備わっている。しかし、現代の多くの企業は、それをほとんど生かしていない。

したがって、管理者のやるべきことは、組織の条件と仕事のやり方を整え、組織の目標に向かって部下の努力を指向させることが、とりもなおさず部下自身の目標達成にもなるようにすることである。

マグレガーは、これまでの人事管理が行き詰ってしまったのは、X理論に基づいていたからだと考え、Y理論に基づく、個人の欲求と組織の要請とを調和させるような「統合と自己統制による管理」を提唱したのである。

(5) 動機づけ・衛生要因（フレデリック・ハーズバーグ）

ハーズバーグはピッツバーグ地方の代表的な9社の技師および会計士約200名を対象とした調査から、職務満足には二つの要素があると指摘した。二つの要素とは「衛生要因」「動機づけ要因」と彼が呼ぶものである。

衛生要因とは、会社の政策と運営、監督技術、賃金、対人関係、作業条件などで、これらの要因は不十分であれば、不満の原因となるが、それらが整備されたからといって、それだけで満足を引き出すことはない。なぜ衛生要因と呼ぶかというと、衛生の欠如は病気をひきおこすけれども、衛生条件が整ったか

らといって、健康増進にはならないのと同じだというのである。

一方、動機づけ要因は、達成、承認、仕事そのもの、責任、昇進などで、これらの要因は不満足要因としてはあまり働かず、もっぱら動機づけを促進する要因である。この動機づけ要因こそ、人間の精神的欲求にふさわしいものだという。

動機づけ要因と衛生要因

動機づけ要因（促進要因）	衛生要因（阻害要因）
仕事そのもの	環　　境
達成（仕事を通じて達成感が味わえる）	会社の政策と管理のやり方
承認（仕事の結果を上司や同僚に認められる）	監督技術
仕事（仕事にやりがいがある）	賃金
責任（仕事を任され、責任が増大する）	対人関係（対上役）
昇進（仕事を通して能力が向上し地位が上がる）	作業条件（作業環境、福利厚生など）

このような分類から、ハーズバーグは満足と不満は対立概念ではないと考えた。動機づけ要因の欠如は不満の原因ではなく、積極的な満足の欠如にすぎない。衛生要因の欠如は不満をもたらすが、これが十分であっても、積極的な満足はもたらさないのである。

ハーズバーグはまた、動機づけ要因を増大するための実践的方策として「職務充実」を提案している。

3 職務拡大と職務充実

部下の育成と動機づけを考慮に入れた職務配分には、職務拡大と職務充実の二つの方向がある。

(1) 職務拡大

個人の職務配分の範囲を拡げ、仕事の種類を増やすことである。例えば、人事課で採用業務を担当している者に、人事異動の業務をあわせて担当させるというように、遂行する業務の範囲を拡大することである。

部下は新しい仕事を担当することにより、新鮮な気持ちになり、仕事に対する興味もわく。同じ仕事を長い間担当して、仕事に対する慣れ、飽きが出てきたような場合には有効である。この方法は、経験を通して能力を開発することにもなる。部下に同じ仕事をさせておいたほうが、間違いや失敗が少なく、上司は安心できるかもしれないが、それでは部下は成長しない。

部下に新しい仕事を任す場合、「果たしてその仕事をきちんとこなしてくれるか」という不安が絶えずつきまとう。しかし、部下の育成と動機づけという観点から、新しい仕事を与え、チャレンジさせることが重要である。

(2) 職務充実

一つの仕事について、計画から実施、検討までをひとまとめにして、部下に担当させるなど、仕事の奥行きを深くすることである。

マネジメント・サイクルでいうと、一般的には管理者が計画

を立て、部下に実施させ、結果はまた管理者が検討するという流れが多い。これを全部部下に担当させ自律統制させるのである。これには管理者の権限委譲が伴う。

同じ種類の仕事でも、現在より難しい仕事、責任の重い仕事を任せるのも、職務充実である。例えば、新入社員なら、一つの仕事をこなすのに、常に先輩の指導が必要であるが、やがて力をつけて、指導なしで仕事ができるようになり、さらに精通して他人を指導したり、異常事態になっても、その処理ができるようになったりするであろう。自然に能力をつけるのを待つのではなく、少し力が足りないと思われるときでも、思い切って一つ上のレベルの仕事を任せてみるというような方法によって、このような成長は、早く成し遂げられる。

職務拡大と職務充実

↑ 職務充実

仕事のレベル \ 仕事の種類	A	B	C
4 異常処理ができる			
3 人の指導ができる			
2 独力で仕事をこなせる	▓		
1 常に指導が必要、一人立ちできない	▓	▓	

職務拡大 →

4 動機づけを阻害する要因の除去

人間は本来仕事への意欲を持っていないという人間観を持つと、働きかけの手段が見つからず、管理（マネジメント）は手づまりに陥ってしまう。やる気がないのは、何らかの阻害要因があって、現状では意欲が出ないのだと考えることが動機づけの出発点である。

阻害要因には個人の側から起こっているものと、管理者が起こしているものとがある。

(1) 個人の側に起こっている阻害要因

仕事が重すぎて、部下が自分の能力に自信を失うと意欲が減退する。この場合問題なのは、ハタから見てどうかではなく、本人の受け止め方である。「君は十分やれるよ」といった励ましは、単なる慰めにすぎず、勇気づけにはならない。十分やれると思うなら、その根拠を具体的に示してやることが必要だ。

個人は仕事以外にも問題をかかえ、それが原因で意欲を失うこともある。家族問題、恋愛、浪費、交通事故などその内容はさまざまあろう。

この場合も勝手な推測をしないで、よい聴き手、相談相手になるようにしたい。ただし、それは興味本位に事情を聞き出したり、先輩づらをして説教するのでなく、部下のことを心から心配して、共感する態度でなくてはならない。１度や２度の接触では相手の心は開かないかもしれない。誠実な関心を示し、気長に聴き役になることである。

(2) 管理者が起こしている阻害要因

管理者は善意でありながら、やり方が相手と状況に合っていないために、部下の意欲を失わせてしまうことがある。例えば次のようなやり方である。

① 失敗した場合に、やる気を起こさせようとして厳しく叱る
② 任せたつもりで、実は放任している
③ 仕事の進め方がある程度わかっている部下を手とり足とり指導する
④ 参画させようとして、何にでも部下を引っぱり込む
⑤ 部下にもっと大きな挑戦をさせようとして、小さな成功や改善を無視する

われわれは対人関係については、個人的経験の積み重ねにより、自分流のやり方を作り上げている。過去の成功、失敗の中から自分なりによいと思う方法を身につけ、「こういう場合には、こうすればよい」といった信念を作っているのである。

動機づけの場合にも、この自分流で部下に働きかけるわけだが、部下から見れば、それは「あの人はいつもこうする」という一種のクセになっている。クセはよく作用する場合もあるし、逆に働くこともある。クセは自分では気づきにくい。

管理者は自分のクセを発見し、それが現実にどんな影響を与えているかを見るようにしなければならない。そうすれば、自分の考え方の誤りに気づき、過去の経験から積み上げた信念の修正ができるだろう。

4 職場の活性化

① 職場の活性化とは

現状の組織を常に生き生きとした活力のある集団として活性化することは、組織の成果を高め、目標を達成するために欠かせないことである。一般的にみて、職場に次のような状況が見られたら、現状の職場はかなり問題をかかえており、沈滞した状態にあるといえる。

- 環境変化に対応した目標設定や行動がない
- 目標があいまいである
- セクショナリズムや派閥が横行している
- 意思決定が遅い
- 決定されたことがそのまま放置されている
- 指令系統が混乱している
- いつでも自由に話し合える雰囲気が乏しい
- 部下の不平不満が多く、やる気が感じられない
- 部下の積極的な提案、意見が少ない
- 部下が勝手にばらばらの行動をとっている
- 前例や慣例を重視し、新しいことにはチャレンジしない

このような状況や兆候がある場合、できるだけ早く、なんらかの方策を講じて組織を活性化しなければならない。

組織の活性化とは、こうした現状の組織を、職場の全員が任務や役割を自覚して自発的に達成行動をとり、環境変化に機敏

に対応するような組織に変革することである。活性化した組織では、意思決定は迅速、適切に行われ、自由闊達なコミュニケーションがあり、活気と意欲があふれている。

2 職場活性化の三つの要素

職場を活性化するには、次の三つの要素について、それぞれ改善を図るのがよい。

(1) 構成員の能力

ある組織の担当する仕事に対して、構成員の能力が見合ったものでないと、その組織集団の活力が出てこない。仕事があまりに高度で難しいと、構成員は無力感を味わい雰囲気は沈滞する。逆に仕事がやさしすぎて能力をもて余すようでも、やはり意欲的に取り組まない。

仕事がやさしすぎる場合は、新たに高度な仕事を取り込むか、能力の高い人を他職場へ異動して構成員の入れ替えをする。能力構成に対して仕事の荷が重すぎる場合は、能力の高い人を連れて来ることは簡単にはできないので、教育訓練によって構成員の能力向上を図る。

(2) 職場の仕組み

個人の能力が仕事に適合していても、職務配分、意思決定や情報伝達の仕組み、仕事を進める手続きなどが整っていないと、個人の努力は成果を上げられず、からまわりする。職場の仕組みを整えて、働きやすくすることが活性化につながる。

(3) 職場の風土

　職場で自由にものが言えないとか、上司が減点主義で失敗するとひどく叱るので、だれも新しい仕事に挑戦しないとか、職場規律が乱れ、勤務中にサボっても黙認されるとか、そんな雰囲気が職場にあったら、だれも一所懸命働かなくなる。職場を活性化するには、職場風土をより良くすることが大切である。

３ 職場活性度診断

　次ページに示すのは、職場で手軽に使える職場活性度診断表である。これを管理者が自分でやってみると同時に、部下全員に無記名で記入してもらい、その結果を比較してみると、職場活性化のための手がかりが得られるだろう。

　職場の活性度は変化するので、定期的に診断し、活性度が下らないよう適切な手を打つ必要がある。

４ 職場の仕組みの改善

　仕事がうまく流れる仕組みは、会社全体の制度、組織、慣習などと深くかかわっているので、管理者個人の努力ではどうにもならない部分もある。しかし、自分の職場に限定して改善を図っても、それなりに効果が上がるものもある。管理者はそういう部分から手をつけて行くとよい。ここでは、一例として、職務配分を取り上げてみよう。

　職場のメンバーが張り切って仕事に取り組めるようにするには、まず、どの仕事をだれにやってもらうかを決めなくてはな

職場活性度診断表

要素	項目	不十分 1　2　普通 3　4　十分 5
メンバーの能力	1. 各メンバーに与えられている仕事の質はそれぞれの能力にみあっている	
	2. 各メンバーに与えられている仕事の量は適切である	
	3. 仕事に不適応のため、ストレスに悩んだり、健康を害したりしている人はいない	
	4. メンバーは仕事を通じて自分の能力が向上していると感じている	
	5. 未熟なメンバーに対し、上司や先輩がよく指導している	
	6. 各メンバーは仕事に対し、自己の能力を最大限に発揮しようとしている	
職場のしくみ	7. この職場の目標や計画は常に明確になっている	
	8. 仕事上必要な情報は十分伝わるようになっている	
	9. 各人への職務配分について、メンバーは納得している	
	10. この職場の意思決定の仕方について、メンバーは納得している	
	11. 仕事を進める上での慣例やルールがあり、メンバーはそれを納得している	
	12. メンバー間の意見対立があったとき、それを調整する方法は皆が納得するものとなっている	
	13. 他職場との間で、要求や苦情を処理する方式は明確になっている	
職場の風土	14. メンバーは職場内で自由に発言し、無用な圧迫を感ずることなく、のびのび仕事をしている	
	15. 仕事上の問題をメンバー同士が協力して解決しようとする	
	16. メンバー同士必要な情報を伝えあっている	
	17. メンバーは自分の役割と組織全体の目標とのつながりを理解している	
	18. メンバーは日常の業務改善を心がけており、意見や提案が活発に出る	
	19. メンバー同士が内密に談合して、低めの業績基準を設けたり、特定の個人の業績が突出しているとき他のメンバーが足を引っぱったりすることはない	
	20. 金銭や時間について公私のけじめがはっきりしている	

4 職場の活性化

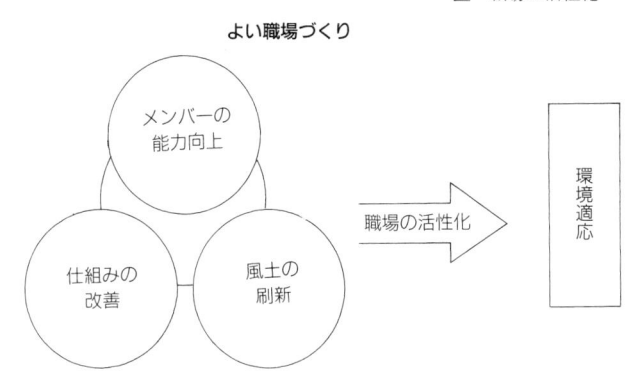

よい職場づくり

- メンバーの能力向上
- 仕組みの改善
- 風土の刷新

→ 職場の活性化 → 環境適応

らない。

　ある電子部品の組立をやっている32名構成のラインで、係長が生産技術スタッフの援助を得て、仕事をできる限り細分化、専門化した。その結果、能率は上がったが、メンバーの主体性が失われ、改善提案もあまり出なくなってしまった。

　今日では分業で仕事を進めることは、当たり前になっている。今から数十年前にフォード自動車が流れ作業方式を編み出し、これによって生産性は飛躍的に高まった。仕事を細分化し、それをライン作業化することによって、一つの仕事を完成するという方式は、一つの偉大な発明だったといってよい。

　それ以来、分業化はますます進み、物を作るラインの仕事だけでなく、事務や技術の業務にまで取り入れられるようになった。管理者にとって、仕事をどう分化させ、分業として組み立て、部下に与えるかが重要な課題になっている。

　しかし、分業は、能率の代償として重大な問題を生んでいる。一つは仕事の細分化、専門化によって、個人の作業が単純化す

ることである。過度な分業は単調労働を生み、働く人の興味、意欲を奪ってしまう。

　第2は分業によって全体が見えなくなり、そのため全体として責任がぼやけてしまうことである。管理者は仕事の分担、編成に当たって、分業の欠点を再考してみなければならない。仕事の分担、編成の際は、一般的な組織運営の原則だけでなく、次のような点を考慮する必要がある。

①　ひとまとまりの仕事を配分する

　仕事は単純化、標準化、専門化するほど能率が上がるという原則を機械的に適用するのは誤りである。分割された仕事を担当するのは機械ではなく、人間である。人間は仕事の遂行過程やその結果についてやりがいを感じなければ、意欲的に働かない。多くの人は細分化されすぎて単調になり、目的もわからなくなってしまった仕事にはやりがいを感じない。

　そこで、仕事は計画－実施－検討（Plan－Do－See）がひとまとまりになっていて自律統制ができ、責任を負える単位にして配分するのがよい。さらに、利益、コスト単位として明確であり、貢献度がわかる単位になっていればなおよい。ひとまとまりの仕事を配分するには、思い切って仕事をまかせる勇気と、万一うまくいかなかったら、その尻ぬぐいはするという覚悟が必要である。

②　雑務は分業しない

「設計者の数が足りないから、設計の効率を上げるために、設計者のやっている雑務をアシスタントにやらせよ」という意見が出ることがある。P.C.への情報入力、書類のファイル、作表、コピーなど、確かにさまざまな雑務がある。しかし、これらの

雑務を補助業務担当者に肩代わりさせたら、本当に効率が上がるだろうか。

設計業務に使われる時間が増えるのは間違いないが、人間は長時間、根をつめて頭を使うと、疲れて良いアイデアが出なくなる。単位時間当たりの仕事量はかえって減ってしまうだろう。ほどほどに雑務をして、息抜きや気分転換をする必要がある。効率一点張りで、「遊び」の時間をなくしてしまうのは考えものである。

それに、これらの雑務はついでの仕事であることが多い。ついでにやるなら、時間もそれほどかからないのに、ついで仕事を分離して専業にさせると、その分だけ人が増える。雑務を専業にする人を作ると、面白くない仕事を受持つ人を作り出すことにもなる。

③ 協力態勢作り

部下の担当を決めると、部下は自分の役割には熱心に取り組むとしても、他人の役割には無関心になりやすい。「それは私の担当ではありません」「あれは彼の責任です」と、時には冷淡にすらなってしまう。

今日の組織にあっては、内外の変動が大きいので、状況の変化に応じて組織の目標や課題を設定し直さなければならない。当然個人の役割も静止的でなく、流動的に変わる。そのとき重要なのが、必要ならば役割以外の仕事も積極的に引き受ける、あるいは担当外の仕事についても積極的に発言するといった、役割を越える意識と行動である。

部下に仕事を配分するときは、自分の役割に閉じこもらず、相互に役割を越えて協力しあう関係をあわせて作っておく必要

がある。それには、調整のための打ち合わせのあり方、情報交流の方法、協力のための基本的な行動基準などをあらかじめ示し、それが守られているかどうか時々様子を見るべきである。

5 職場風土の刷新

(1) 良い職場風土

① 職場風土とは

職場は人間の集団である。集団が形成され、そのメンバーがある期間固定すると、そこに独特の雰囲気が生まれる。これが職場風土である。一人ひとりの人間に個性があるように、集団にも個性がある。その職場の人々が何を大切だと思っているか、仕事に対してどういう感情をいだいているか、職場の仲間とどんな関係にあるか、こうした集団のホンネの側面が職場風土である。

職場風土はその職場の習慣や行動規範と、個々の構成員の考え方や価値観との相互作用によって形成される。習慣や行動規範が固まっている大人数の職場に、一人二人の新人が入ってきた場合は、新人のほうが従来の職場風土に合わせて行動するようになるし、小人数の職場に一挙に多数の新人が入ってきた場合は、新人の考え方や価値観によって職場風土が変わることもある。管理者（職場の長）の考え方や管理行動も職場風土に大きな影響を与える。

職場風土は構成員の日常の行動を支配し、集団の規範となる。それだけに管理者は、職場集団が生き生きとして活気に満ち、目標の達成に向かって皆が力を合わせるような、良い職場風土

を作るよう努力しなければならない。

② 人間関係と職場風土

職場内の人間関係が良いことは、良い職場風土の一つの条件である。人間関係が良ければ、職場に仲間意識が生まれ、お互いに助け合って仕事をする。管理者が良い人間関係を作ることに腐心するのは、自然の成り行きといえよう。

しかしながら、良い人間関係は良い職場風土の十分条件ではない。良い人間関係さえ作れば、仕事はうまくいくと考えるのは、間違いである。人間関係がうまくいって、仲間同士は友好的だけれども、仕事はあまりはかどらない、というような事態にしばしばなることがある。特に日本の経営組織では、内部に対立や抗争があって、人間関係がそこなわれることを嫌うから、意見対立の調整をするとき、対立点は棚上げしたまま、双方を握手させることが多い。目標の達成よりも人間関係が優先されている趣きがある。これでは仕事は進まない。

人間関係がよいだけでなく、目標達成に向けて張りつめた緊張感があってこそ、職場風土がよいといえる。

(2) 管理者の行う職場風土の改善

職場風土は管理者だけが作るものではないけれども、管理者の姿勢や行動に大きな影響を受ける。これまでに述べてきた管理者の「あるべき姿」を追求していけば、それがすべて職場風土の改善につながるわけだが、それに加えて次のようなことにも気を配るとさらによい。

① 部下には自分のほうから声をかける

「若い人はあいさつをしない」と嘆く管理者がいるけれども、

嘆いているだけでは事態は改善されない。「あいさつしろ」と説教してもあまり効き目はないだろう。それより、自分のほうから声をかけよう。あいさつは人間関係の始まりである。明るく「おはよう」と言うだけで「わたしは元気に出勤してきましたよ。今日も一緒にやりましょう」という陰のメッセージが伝わる。

　あいさつだけでなく、各メンバーに対し1日に1～2回は、「いま何をやっているの？」「どう、うまくいっている？」「ご苦労さん」などと声をかける。こうすれば、部下は気軽に上司と話ができるようになり、職場の雰囲気が明るくなる。

声をかける

4　職場の活性化

　②　部下に自由に意見を言わせる

「自由に意見を述べてよい」と言いながら、部下が自分の意見に反対すると、とたんに機嫌が悪くなる管理者がいる。これでは部下は2度と意見を言わなくなる。ただでさえ、上司の意見や多数意見に反対するには勇気がいる。反対意見や唐突な意見を述べる部下があったら、ことの当否は別にして、まず「よく言った」とほめ、次の意見を出しやすくしてやる。自由に意見も言わさないのでは「参画」のマネジメントはできない。

　日本の社会では「皆と同じ意見を持ち、人並みに行動する」のがよいこととされるから、人と違う意見は出しにくい。職場は放っておくと、自然に「人並み志向」の風土になる。しかし、それでは個性も創造性も育ちにくい。新製品を開発したり、経営を革新したりするのは、個性ある人物の創造的意見である。その意味でも、発言しやすい雰囲気づくりが大事である。管理者に傾聴の姿勢が望まれる。

　③　前向きの姿勢

　明るい人は好かれる。管理者も明るく振る舞うのがよい。明るいというのはにこにこ笑ったり、冗談を言ったりすることだけではない。もっと大切なことは、前向きの姿勢である。口を開けば「困った、疲れた、いやになった」と言う人は姿勢が後ろ向きである。苦しいときでも「なんとかなる、面白そうだ、ぜひやってみよう」と前向きに、あるいは楽観的に考えれば、道が開ける。後ろ向きの人は、他人を批判し、自分の不運を嘆き、失敗を悔やむ。前向きの人は、他人の良い所を見て何かを学ぶし、悔やんでいる暇にうまい方法を探す。

　管理者の態度はすぐ部下に伝染する。職場を明るくしたかっ

たら、自分が前向きになることだ。

④　部下を私兵化しない

有能な部下は上司に重宝がられ、なかなか手離してもらえない。一つの部署に釘づけになる傾向がある。特定の管理者が優秀な人材を長く抱え込むことを部下の私兵化という。一つの部署に長くいると、特定分野の専門家にはなるが、他の仕事を経験して視野を広げたり、違う能力を身につけたりすることができない。仕事もマンネリズムになって、その人のまわりの空気が淀む。

部下を私兵化するのは、本人のためにも周囲のためにもよくない。育て上手の管理者は、有能な部下を決して長く自分の手元に置かない。

⑤　部下に期待する

人は自分が期待され評価されていると思えば、張り切るものである。逆に自分は評価が低い、関心を持たれていないと感ずれば、やる気を失う。管理者は部下一人ひとりにほれ込み、期待をかけなければならない。

期待に関して、アメリカの心理学者がやった実験を紹介しよう（上前淳一郎著『読むクスリ、パート8』文春文庫による）。小学校の児童を対象に知能テストをした。普通のテストだったが、担任の先生にはこう耳うちしておいた。

「じつはこれは、児童の近い将来の学力の伸びを確実に予測できる、新開発のテストです。これで高得点をとった子は、1年後にぐんと成績が上がるはずです」

学者は、返ってきた答案の中からランダムに数枚を選び出して、それだけに実際より高い点数を与えて、先生に報告した。

1年後、高得点をつけてやった数人の児童の成績は、本当に急上昇していた。

おそらく先生は、この子たちはやればできるのだと期待して、授業でさかんに質問して答えさせたり、特にていねいに教えたりしたのだろう。そうした先生の微妙な変化を敏感にかぎとった数人の学童は、自分たちは期待されていると思って勉強に身を入れたに違いない。

管理者も部下一人ひとりに期待をかければ、だれにも関心を持ち、声をかけ、率直にものを言うことができる。みんなに期待しようと思ったら、人の長所をつかむことである。とかくわれわれは、人を批判的、評価的に見る傾向がある。長所を見る習慣をつけるには、強い意思と努力が必要だ。

⑥ 部下の方を向いて仕事をする

会社では役職の階層が上にいくほど、強い人事権（人事異動、昇進、賃金決定などの権限）がある。部下はなるべく上司の方針に逆らわないように、意向に沿うように動くようになる。組織の中では、どうしても上を向くような仕組みが出来上がっている。

管理者が上を向いていると、上が無理難題を言っても、ろくに意見も述べずに受けて職場に持ち帰り、部下に無茶な仕事を押しつけてしまう。こんな態度が部下には「上の受けを良くするために、下を犠牲にしている」と映る。部下にとっては迷惑な話だ。管理者は部下を困らせてはいけない。理不尽に困らせれば、管理者は下からの信頼を失い、職場風土はしらけたものになる。

そこで、管理者は上よりも下を向いて仕事をしなければならない。つまり、部下が仕事をしやすいように条件を整えてやるのである。といっても、100％下を向くこともできないから、割合でいえば、上30、下70くらいであろうか。

⑦ インフォーマル・グループの取り扱い

会社には、公式な指令系統や役割分担に基づく集団の他に、非公式（インフォーマル）な、いわば私的な集団が自然発生的にできる。これには、職場の気の合う仲間や飲み友達から始まって、学校の先輩、後輩の関係、元の上司と部下のつながり、趣味を同じくする人の集団、派閥に至るまで、いろいろある。

これらのインフォーマル・グループは、任意集団であるだけに仲間意識が強く、集団の結束力がある。普段はフォーマル・グループに対し、特別の影響を及ぼしたりすることは少ないが、会社や上司に対して不満を持ち、反組織的な活動をすると、フォーマル・グループのエネルギーが浪費され、効率が阻害される。メイヨーのホーソン実験でも、次のようなインフォーマル・グループの存在が観察されている。「職場集団内には、職長とは別に皆の人気で決まった陰のリーダーがいて、会社が定めた作業量よりもかなり低い水準で作業するような申し合わせがなされている」というのである。

管理者は、インフォーマル・グループの存在をよく知った上で、そのエネルギーを好ましい方向に誘導する必要がある。例えば、インフォーマル・グループを通じて上がってくる苦情、要求などは、公式な情報ルートには乗らないことが多い。それを取り上げ、建設的に処理することで、改善を図ることもできるのである。

第5章

管理者の
リーダーシップ

1 リーダーシップの意義

1 リーダーシップとは

リーダーシップとはどのような意味合いをもった言葉なのであろうか。リーダーシップについて多くの研究者が定義を試みているが、それらに共通するものを要約すると、

> リーダーシップとは、その集団の目標を達成するために、その時の状況において最も効果的な方法で、集団の成員が自主的に最大の努力をするように働きかけるリーダーの影響力である。

ということができる。

この定義からわかるように、リーダーシップは階級属性ではない。つまり、集団や組織の中における地位、役職や権限などの要素は含まれておらず、これらの要素に頼らずに発揮しなければならないものである。

公式な地位や権限に基づいた影響力は**ヘッドシップ**と呼ばれ、リーダーシップと区別されている。

リーダーシップの対象は広い。大きくは一国の元首のリーダーシップから、子供の遊び仲間におけるガキ大将のリーダーシップまで、さまざまな集団への影響力が含まれている。管理者がリーダーシップを発揮する対象は、当然、職場集団であるか

ら、管理者としては、どうしたら部下に影響力を及ぼすことができるかを考えなくてはならない。管理者のリーダーシップの源泉は、役割行動である。これまでに述べた管理者の役割を十分に果たせば、リーダーシップは自然に自分の手中におさまる。

しかしながら、管理者にも個性があり、得意な領域もあれば不得手なところもある。すべてについて万遍なく役割行動を果たすことは現実には不可能に近い。

そこで、すべてにわたって満点を取るのではなく、自分の得意なところをさらに伸ばし、その部分で部下に影響力を行使するのが実際的な対処である。部下から見て、上司が何か一つでも非常に優れたものを持っていれば、信頼や尊敬の念が生まれてくる。それは「あの人のすばやい実行力にはかなわない」でもいい。「論理的思考や分析力はすごい」でも、「面倒見の良さには感心する」でも、「仕事熱心には頭が下がる」でもいい。とにかく、部下が憧れるほどの美質を一点持っていれば、それがリーダーシップの要件になる。リーダーシップの発揮とは、まず個性のにじみ出る持ち味を発揮することである。

2 リーダーシップの型

人はだれでも理想的なリーダー像を胸に抱いているが、その内容を聞いてみると十人十色で共通性がない。しばしば文学作品に登場する、戦国時代の優れたリーダーである織田信長、豊臣秀吉、徳川家康を見ても、それぞれ性格、知能、行動が違い、一貫した特徴は見いだしにくい。現代の優れた経営者にしても同じである。

しかし、普通人の願望としては、リーダーにふさわしい特性があるのではないかと思うもので、リーダーシップ研究の前史といわれる時代には、特性論的研究がさかんになされたのである。だが残念ながら、優れたリーダーに共通する特性といったものは遂に見いだされなかった。

　特性論的な研究の後に行われたのが、管理行動の型に着目した研究である。この流れに沿った研究も多くの学者によってなされているが、そのすべてに共通しているのは、2系統の統率行動を明らかにしていることである。

　第1の系統は、仕事の業績向上に最大の関心を払う型である。つまり、仕事の計画にあたっては単独でこれを決定して、部下に指示し、仕事の結果も、自分の立てた基準に照らして評価するといった統率の仕方である。

　第2の系統は、集団成員の動機づけや相互関係に、より大きな関心を払う型である。つまり、仕事の計画にあたっては、部下一同の意見を聞いて決定し、仕事の結果について評価するときも集団目標との関連および集団成員個々人への配慮に基づいて行うといった統率の仕方である。

　この2系統の管理行動は研究者によって呼び方はさまざまである。

　例えば、
　専制型と民主型……リビット、ホワイト
　業績関心型と人間関心型……ブレーク、ムートン
　指示型と協労型……ハーシー、ブランチャード
　パフォーマンス型とメンテナンス型……三隅二不二
などである。

1　リーダーシップの意義

　これら2系統のリーダーシップは、1930年代の末ごろから4半世紀にわたって、それぞれの効果が比較研究された。60年代には、集団の生産性の面から見ても、集団の士気（モラール）という面から見ても、ともに人間指向型のリーダーシップのほうが好ましいとする説が優位を占めていた。

　しかしながら、その後、人間指向型のリーダーシップの下において、必ずしも生産性が上がらないこと、逆に業績指向型のリーダーのもとで、かえって生産性が上がることがあるという事実が指摘されるようになった。

　今日ではリーダーシップの型は状況によって有効性が変わるといわれる。一般的に、仕事が標準化され管理者の権限が明確な場合、仕事の処理に緊急を要する場合には、業績志向型のリーダーシップが有効とされ、あいまいな情報を取り扱う仕事、部下による受容が仕事の成果に重大な影響を与える仕事などの場合は人間指向型のリーダーシップが有効とされる。

2 状況対応的リーダーシップ

　K・ブランチャード、P・ジガーミ、D・ジガーミは、どんな状況にも効果的な普遍的リーダーシップ・スタイルは存在せず、リーダーはその時の状況、特に部下の発達度に応じたリーダーシップ・スタイルをとるべきであると提唱している。

　彼らはリーダーの行動を二つの軸でとらえている。一つは業績を達成していくための指示的行動（マネジメントの2側面の業績の管理に対応している）であり、他の一つは、部下に対する援助的行動（人の管理に対応している）である。この二つの要素の大小によって、次の図のような四つの基本的リーダーシップ・スタイルができる。

四つのリーダーシップ・スタイル

	S3 援助型 SUPPORTING	S2 コーチ型 COACHING
	S4 委任型 DELEGATING	S1 指示型 DIRECTING

縦軸：SUPPORTIVE BEHAVIOR／援助的行動（少→多）
横軸：DIRECTIVE BEHAVIOR／指示的行動（少→多）

この四つのスタイルを部下の発達度と組み合わせるわけであるが、その組み合わせ方を見る前に、部下の発達度をどうとらえるかを見ておこう。K・ブランチャードらは部下の発達を4段階に分け、それぞれD1、D2、D3、D4と名づけている。その内容は次の図の通りである。

発達の4段階

〈高〉適性能力 HIGH COMPETENCE ・ 高いやる気 HIGH COMMITMENT	〈高〉適性能力 HIGH COMPETENCE ・ まちまちなやる気 VARIABLE COMMITMENT	〈中〉適性能力 SOME COMPETENCE ・ 低いやる気 LOW COMMITMENT	〈低〉適性能力 LOW COMPETENCE ・ 高いやる気 HIGH COMMITMENT
D4	D3	D2	D1

発達済←———————————————————→発達中

次にその組み合わせ方を説明しよう。

① D1は仕事を遂行する能力が低く、仕事に取り組む意欲は高い。ちょうど新入社員のようなものである。この状況に適応する管理者のリーダーシップ・スタイルは、指示型(S1)であり、部下に対する援助行動は少なく、指示行動を多くする。つまり、細部にわたって指示、命令を与えていくようなやり方である。能力も知識も不十分な場合は、厳格に指示して、その通りにやらせるのがよい。

② D2は仕事の能力はほどほどのレベルにあるが、仕事に意欲的に取り組む態度が乏しい。仕事に少し慣れると、しばしばこういう状態になる。この状況に適応するのは、コー

チ型 (S2) で、指示的行動も援助的行動もともに多くする。部下に対して思いやりを示したり、相談にのったりする一方、仕事の遂行については正確な指示を与えるやり方が有効である。

③　D3は仕事を遂行する能力は、ほぼ十分であるが、仕事への意欲はまちまちで、やる気を出したり出さなかったりする。この場合は援助型 (S3) にして指示的行動を少なくし、援助的行動を多くする。部下の仕事に関して厳格に指示することは極力避けて、ほめたり、相談にのったり、意見や提案を受け入れたりする。

④　D4は、仕事の能力も意欲も高く、発達度は最も高い。こういう部下の場合は、委任型 (S4) でいき、指示的行動も援助的行動も少なくしてよい。つまり、自主性を尊重し、できるだけ任せるようにしたほうが良い結果を生む。何か重要な問題が発生したときのみ、管理者が指導するというやり方である。

以上の組み合わせを図にすると次ページの図のようになる。

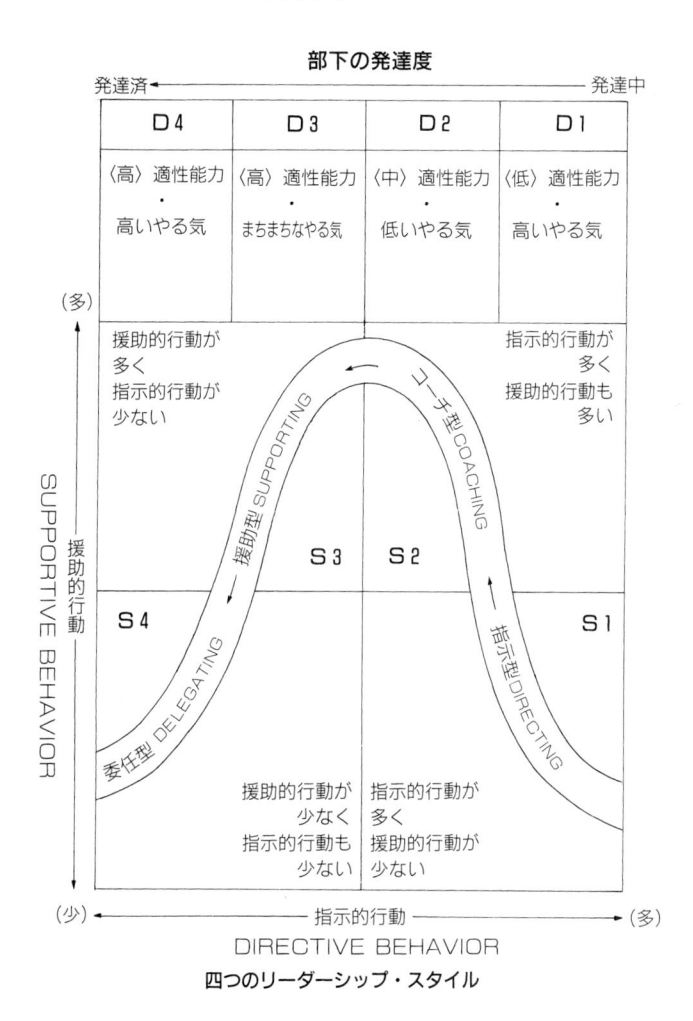

2 状況対応的リーダーシップ

状況対応的リーダーシップ

部下の発達度

D4	D3	D2	D1
〈高〉適性能力・高いやる気	〈高〉適性能力・まちまちなやる気	〈中〉適性能力・低いやる気	〈低〉適性能力・高いやる気

(多)

援助的行動が多く指示的行動が少ない　　　　　　　　　指示的行動が多く援助的行動も多い

援助型 SUPPORTING　　コーチ型 COACHING

SUPPORTIVE BEHAVIOR　援助的行動

S3　S2

S4　　　　　　　　　　　　　　　　　　　S1

委任型 DELEGATING　　指示型 DIRECTING

援助的行動が少なく指示的行動も少ない　　　指示的行動が多く援助的行動が少ない

(少) ←———— 指示的行動 ————→ (多)

DIRECTIVE BEHAVIOR

四つのリーダーシップ・スタイル

(状況対応的リーダーシップの項は、K・ブランチャードほか著、小林薫訳『1分間リーダーシップ』ダイヤモンド社による)

3　経営環境の変化への対応

　今日経営環境はめまぐるしく変化している。ざっと数えただけでも、次のような事項をあげることができる。
　①　技術革新
　エレクトロニクス、バイオテクノロジー、代替エネルギー、新素材などの分野で新技術が次々と実用化され、これらの知識なしには、ビジネスができなくなってくる。
　②　情報処理の高度化
　IT（インフォメーション・テクノロジー）革命の進展にともなって、経済活動のエレクトロニクス化や情報ネットワークの形成が進んでいる。
　③　従業員構成の多様化
　終身雇用の解消、成果主義賃金など、従業員の処遇が一段と厳しさを増している。派遣、請負、短期契約、在宅勤務など雇用形態も多様になってきた。
　男女共同参画の一般化による女性の進出、年金支給開始の遅れにともなう60歳以後の雇用延長がこれから更に進み、従業員構成が変化するであろう。
　また、学校を卒業しても普通に就職せず、フリーターを希望するなど、若年層の勤労意識が変わってきた。
　従業員構成の多様化については、次の項でもう少し詳しく考察する。
　④　消費構造の変化

中流意識を持つ者が減り、自分の階層に合った消費をするようになった。一方高級志向も根強く、一点豪華主義、つかのま豪華主義の消費行動も見られる。

⑤ 自然環境の保全

公害を出さないというレベルから進んで、積極的に環境改善に貢献することが求められるようになった。例：省資源、多種少量頻繁供給による交通量増加の抑止、使用ずみ製品や容器の回収など。

⑥ 社会的貢献

障害者雇用、地域社会の活動援助など良き市民としての企業のあり方が問われる。

リーダー

⑦　国際化

　これまでのビジネスの国際化は主として生産や販売の拠点を海外にも作るというものが多かった。今は相互乗り入れの時代である。それに伴って通商摩擦が起きているが、それだけでなく外国人の流入により、民族摩擦、文化摩擦が発生する。

　これらの問題は時々刻々変化している。各職場においても、昨日まで正しかったことが今日は間違いになるといったことが、日常茶飯事のように起こってくる。こうした状況に対応して、管理者がリーダーシップを発揮していくためには、単に自分の職場を伝統的なやり方でしっかり管理するというだけでは不十分である。自分の職場以外の社内他部門や社外にまで働きかけて、影響力を行使する必要が出てくる。

　管理者にとっては、難しい、やりにくい時代になったといえる。こういう時代には状況対応力をつけなければいけない。状況対応力を分解すると、先見性と柔軟性になろう。先見性は時代の成り行きを見通す洞察力と時勢を先取りする進取の気象であり、柔軟性は慣例や経験則にこだわらずに自由に発想し、新しい状況に応じて自分の行動を軌道修正することである。

4 多様化する従業員構成への対処

　いま述べた経営環境の変化のうち「従業員構成の多様化」について考えてみよう。

　職場の中を見渡すと、実に多様な人が働くようになっている。雇用形態では正社員の他に嘱託、契約社員、パート、フリーター、派遣社員など多彩である。やがてどこの企業も、外国人労働者をもっと受け入れるようになるだろう。その上、働く人々の年齢も幅広い。これからは日本社会全体の高齢化の進行とともに、職場でも高年齢者が増え続けるだろう。

　一方、入社して間もない若い人の意識は、それ以前の世代に比べ明らかに変化してきている。女性の職業意識も、単なる腰かけから、自己の能力を生かし、一生の仕事として取り組もうとする人が増えるなど大きくかわりつつある。

　また、仕事の自動化、省人化が進んで、人がコンピュータや機械に置き換えられ、労働者は大幅に減少しつつある。しかし、減少の内訳を調べてみると、高度の知識技術が要る専門職や技術職は減っていない。減っているのは中間職（高度の技術や熟練は要しないが、といって単純作業ではなく、平均的な能力の人が数年以内の実務経験を経て一人前になる仕事）である。労働者の能力構成がいびつになってきた。

　近年、学校を卒業して社会に出るとき、正社員として就職せず初めからフリーターを選ぶ若者が増えてきているといわれるが、これは企業側が中間職の採用を減らしているために、正社

員として就職したくてもできないという事情にもよっている。

　今、日本では人材の不足と余剰が同時に起こっている。優秀な頭脳労働者は足りない。中間職をこなす中くらいの知的能力を持つ労働者は余り、単純ではあるがコンピュータでは置きかえられない仕事や肉体労働は若者にきらわれて、外国人を雇用しなければならないほど人手不足になっている。

　こうした状況下で、職場の管理者は多様な雇用形態の人々を活用しなければならない。人の扱い方が難しい時代になったといえよう。

　この項では、今後特にきめ細かい管理が必要になる若者、中高年、女性に焦点を絞って、管理上の留意点を考えてみよう。

1 若　　者

「近頃の若い者は何を考えているのかわからない」と先行世代はよく嘆く。これをゼネレーションギャップとか世代の断絶という。こうした断絶感は今に始まったものではない。嘆きの声を発する人自身が、若い頃に年輩者からそう言われた経験を持っているのではなかろうか。青年と中高年とのギャップはいつの時代にもある。

　だが、最近特にそのことが問題になるのはなぜか。現代の世代間ギャップが以前のそれと比べて大きいせいだろう。なぜギャップが大きいのか。理由としては、次のようなことが考えられる。

　第1に、技術革新、情報革命といった社会変化によって、経験を積んだ人たちの権威は失われ、適応力のある若者の評価が

4　多様化する従業員構成への対処

高くなり、若者が先輩に昔のように服従しなくなったこと。第2に、物余り時代といわれるほど豊かな時代になって、子供の頃から欲しいものは何でも手に入れるようになり、欲求の抑制ができない若者が大量に育っていること。第3に、1家族当たりの子供の数が減って、家庭で過保護に育てられた若者は、自己中心で、他人への配慮ができなくなっていること。第4に、進学率の向上、知育偏重などの風潮から家庭内のしつけが不在となっていること、などである。

近年ニートと呼ばれる若者の増加が社会問題になっている。ニート（NEET）とは仕事もせず、学校へもいかず、職業訓練も受けない無業の人をいう。こういう人々が増えたのは、若者が上に述べたように欲求の抑制ができず、自己中心的になっているからであろう。彼らは、将来の生活設計を思い描くこともなく、ただその時々の欲求や感情に流されて、刹那的に人生を送っている。

企業に入ってくる若者はニートとは無縁だ、と思ってはいけない。ニートの背後には、その数倍のニート予備軍が控えている。今は会社で正社員として働いていても、いつ働く意欲をなくして家に引きこもり、ニートになるかわからない。そこまでいかなくても、会社をやめてフリーターになってしまう可能性は十分ある。

管理者は、このような若者が多くなった職場をどのような態度で管理すべきか。世代間のギャップをあきらめて放置してはならない。若者に対して甘くなっても、厳しすぎてもいけない。具体的には、次のように対処するのがよい。

① 基本はきちんとしつける

あいさつ、報告など基本的なことができない者には、きちんと注意を与える。遠慮すれば、彼等を甘やかすことになる。甘やかすのは彼等のためにならないし、会社のためにもならない。若い人の心情を大事にし、働きやすい職場作りを心がけることは大切なことだが、それはご機嫌とりをすることではない。

彼等をしつけるとき、**こんなことぐらいわかっているだろうと思ってはいけない**。簡単なこと、きわめて常識的なことが若者にはわかっていない。彼等は家庭でも学校でも、社会規範としての礼儀作法や公式の場での言葉づかいをしつけられていない。これくらい言わなくてもわかるはずだと思っていると、いつまでたってもわかるようにならないのである。

② 辛抱強く

例えば、気配りのようなことは、一度注意を与えれば理解はするだろう。しかし、わかることと行動できることとは違う。行動化はなかなかできないものである。できない間は辛抱強く何度でも注意を与え、習慣化する。

③ 若者の長所は認める

若い人は欠点も多いが、それなりに長所も備えている。一般的にいえば、素直である、感性が発達している、情報処理の能力が高い、ハイテクに親しんでいる、柔軟性があるなどが長所といえよう。

そうした良いところは認め、活用しようという心があってこそ、彼等の弱点に対する指導も受け入れられる。

④ 多様化する従業員構成への対処

② 中高年

わが国の労働人口は諸外国に類を見ないスピードで高齢化しつつある。21世紀に入って、労働者のうち、ほぼ4人に1人は、55歳以上の高年齢者になっている。企業はこれから中高年の活用を図る必要に迫られよう。

メーカーでいえば、生産技術を効率化やコスト低減のためにばかり使うのでなく、中高年の雇用拡大のために使うことが求められる。かつて日産自動車の追浜工場では、それまで45歳が限界といわれてきた自動車組立てラインの労働をそれ以上の年齢でも、従来の生産のスピードを変えないでできるようにした。重い物を持ち上げるのを助ける機械など文字通りの「省力化装置」を作ったり、ボルトを絞め忘れた時などには、ブザーが鳴る「ポカよけ装置」を設けたりした（1990年5月5日付朝日新聞による）。

このように中高年者が働きやすいように職務を再設計して、ハードウエアの面から環境を整えることはきわめて重要なことだが、それに加えて、管理者が中高年の特性をよくわきまえた職場運営をすることが大切である。中高年を活用するには、どんな管理をすればよいか。

① 中高年の特徴を知る

個人差はあるが、一般に40歳を過ぎるころから、肉体的には筋力が衰える。精神的には新しい事柄への適応、注意の集中、記憶などが落ちてくる。一方、言葉、社会的知識、問題解決の知恵など経験がものをいう領域では、衰えを見せないばかりか、向上するものもある。

中高年の特徴を知った上で、職場の中に中高年には無理な仕事はないか、中高年に向く仕事を若年層にさせていないかなどを見直してみる。

　従来の日本の社会では、若年層中心の雇用体制とそれに基づく職務編成がなされてきた。各職場で検討すれば、もっと中高年を生かす道があるのではなかろうか。

　② プライドを傷つけない

　他社を定年退職してから入社したような場合、立派な前歴の人もいる。前歴は別にしても、中高年になれば、それなりに人生経験を持ち、自信もプライドもある。

　管理者は年輩者の体面を考え、役割は下でも人間としては先輩であるという態度で接しなければならない。新しい仕事を覚えようとする場合、若い人の何倍も時間がかかる。根気よく、ていねいに、プライドを傷つけないよう指導をすることが必要だ。

　③ 経験を生かす

　中高年になると何をするにも行動様式がほぼ固まって、長年の習慣、クセなどは他人が変えようとしても、なかなか変わらない。無理して変えようとするより、経験やその人の持ち味、長所を生かすことを考えるべきである。

　人材銀行では中高年者の就職を斡旋しているが、話はまとまっても、定着は必ずしもよくないという。その第一の理由は、新しく入社した会社の社風やシステムにとけ込みにくいということらしい。自分が長年の間に習得したものは、簡単には変えられないのである。

　④ 健康に注意

4 多様化する従業員構成への対処

中高年になると、だれでも何かしら健康上の問題をかかえている。中高年の健康管理は会社としても配慮すべきだが、職場でも管理者がよく気を配り、過度な残業、休日出勤などは避け、顔色などにも注意を払っておく。病気の際は十分治療させるようにする。神経症、うつ病など精神的な疾患も中高年に多いので、カウンセラー、精神科医などの意見を聞き、早目に対処する。

3 女　　性

人材活用のもう一つの焦点は女性の戦力化である。これまでの企業社会では、女性の評価はあまりかんばしいものではなかった。「女性は職業意識が低く、仕事を一時の腰かけと思っている。仕事に対する向上心が乏しい。残業などについて法的な規制があるので使いにくい」などが正直な職場の声であった。したがって、女性には責任の度合いの低い雑務的な仕事や、単調な仕事が割当てられがちであった。

しかし、最近は仕事に意欲を示し、自分の能力を発揮したいという女性も増えている。社会的な女性の地位向上の風潮に伴って、女性の職業意識は変わりつつある。時間外労働についての法規制もなくなった。企業側で、男性と同じように教育し、能力にふさわしい仕事を与えるようにすれば、女性の職業意識は更に高まり、戦力化が促進されるだろう。

たしかに、結婚や出産で退職してしまう危険、生理休暇や育児休業などによる使いにくさはある。だが、そんなことを言っていたのでは、いつまでたっても女性は活用できない。危険は

承知で女性に教育投資をし、より高度の仕事を配分すべきである。女性の戦力化について管理者が心がけることは何だろうか。

① 男性社員の補助者という偏見を捨てる

初めから女性の能力を信頼しないで、男性の補助者だと決めてかかり、簡単な仕事しか与えないのでは、女性のほうも、あきらめて現状に安住するか、能力を生かせる仕事を求めて転職してしまう。管理者は絶えず仕事上の刺激を与え、それに応える人には責任ある仕事を任せ、能力発揮の機会を作ってやる。

② 甘やかさない

「泣かれたり、うらまれたりするのはいやだ」という気持ちから、女性に対して誤りを注意しなかったり、不必要にかばってやったりするのは、かえって不信を招く。過保護にしたり、あきらめたりしては、人は育たない。女性を特別扱いしないこと。

③ 日常気軽に話しかける

男性の部下とは仕事を通じて話し合うのに、女性には遠慮するのか、あまり話しかけない管理者がいる。社会的承認欲求が強いのは女性の特徴の一つでもあるが、職場の中ではそれが満たされないことも多い。通りすがりの一言、出あいがしらの一声でも力づけられるものである。

④ 公平に扱う

管理者は、自分が使いやすい人に、つい何でも用事を言いつけたり、高い評価を与えたりしがちである。これはえこひいきと受け取られる。仕事の配分、職場の役割分担についても細かい配慮をして、公平を期す。

⑤ 育児支援

女性が出産して法に定めた産前産後休暇や育児休業を取得す

ると、その職場の管理者は、どうやって穴埋めをして業務に支障をきたさないようにするか頭を悩ます。管理者は「男性のほうが使いやすい」と、つい本音をもらしたくなる。

　しかしながら、今日本はヨーロッパ諸国と同様少子化が進み、このままでは高齢者の比率がさらに増えて、社会の経済的活力が失われると憂慮されている。少子化の進行を少しでも食い止めるには、働く女性も安心して子を産み育てることができるよう、企業として支援する必要がある。会社によっては、社内に育児施設を設けたり、法定の育児休業期間をこえて育児休暇を認めたりして、子育てを支援している。

　企業が育児を支援すると、一時的には職場の戦力が落ちるが、長い目で見れば、女性の不本意な退職を防止し、キャリア形成に役立つ。職場の管理者は、多少の不都合は受忍して、女性の育児を支える側に回る必要がある。

5 管理能力の開発

1 市場成長と管理者の能力

　かつての高度経済成長時代には、市場そのものが急速に拡大したので、職場内のマネジメントが十分でなくても、それなりに成果を上げることができた。企業規模が拡大基調にあって、従業員数も増え続け、ポストもどんどん増加した。管理者も人材難となり、まだ若くて経験の浅い人を管理職ポストにつけざるをえなかった。よくしたもので、拡大傾向のときは次々と仕事が押し寄せてくるから、それをこなしているうちに、「仕事が人を育てる」作用によって、若い未熟な管理者もそれらしくなったのである。

　しかし、このようにして育った管理者は、いわば「たたき上げ管理者」であり、マネジメントの基本をきちんと学んでいない場合が多い。

　今日のような低成長期には、市場の伸びが鈍化しているので、自然に売上げが増加するようなことは期待できない。成果を上げるには、無駄を省き、企業内部の効率を上げることが不可欠である。資源や環境保全の動向も厳しくなっている。マネジメントの効果を高めることが、以前にも増して要請されるようになった。

　市場拡大による成果を自己のマネジメントによる成果と誤認して、マネジメントの基本を身につけなかった管理者は、これ

から生き残れなくなろう。管理者は自分の管理能力を棚卸しして、どういう能力を開発すべきかを考え、日常の努力の中でそれを達成したいものである。

2 管理能力とは

管理者が役割行動をするために獲得すべき一般的な能力について考えてみよう。部下育成の項で述べた行動と能力の関係が、ここでもあてはまる。

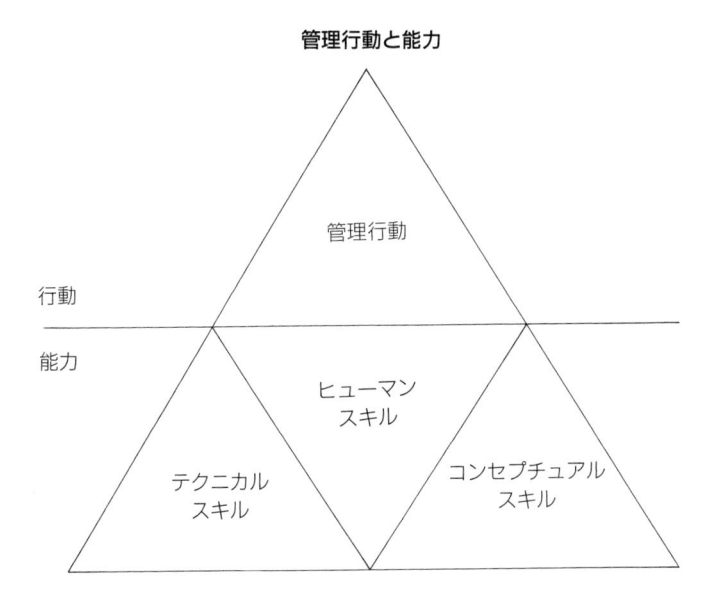

管理行動と能力

行動：管理行動

能力：テクニカルスキル／ヒューマンスキル／コンセプチュアルスキル

能力要素の分け方が前の場合と違うので、その内容を次ページの表に示す。

管理者の能力

要素	項目		内容
テクニカルスキル	専門知識・技術		特定の仕事領域に関する深い知識、技術、学術的知識
	業務知識		仕事の進め方、手続き、社内ルール、業界知識など
	管理に関する知識		管理の概念、計画技法、問題解決技法、品質管理技法、改善技法など
ヒューマンスキル	対人関係能力	コミュニケーション	傾聴力、要点把握力、口頭表現力、文章表現力
		説得力	自分の主張や論点を理由、適切な事例を上げて相手に理解させ、同意を得る力
		指導・育成力	仕事の指導をするとともに、部下の将来を考えて計画的に育成する力。権限委譲による人材活用
		協調性	上司、同僚、部下あるいは他部門と協力して効果的に仕事を進める力
		主動性	他に先んじ、率先して行動する力
		誠実さ	他人をおもんぱかる。約束を守る。正直
	情意的能力	達成動機	目標に向かって自らを動機づけ、それを維持する執着性
		感受性	かすかな兆候や暗示から本質を敏感に感じとる力
		決断力	可能性が五分五分の二つ以上の代替案の中から、適切に一つを選ぶ意思決定をすること。勇気
		ストレス耐性	時間的圧力、上長の圧力、達成の困難からくる圧迫の中でも課題をやりとげる強靱さ
		柔軟性	慣例や経験則にこだわらない思考、新しい状況に応じて自分の行動を修正できる
		実行力	思い立ったらすぐ行動し、それを根気よく続ける力
コンセプチュアルスキル	先見性		先行きを洞察する力と、時勢を先取りする進取の気象
	論理思考（判断力）		知り得た情報に基づいて論理的に推論し、納得性のある結論・代替案を得る力
	計画・統制力		目標設定、優先順位決定、時間配分、進捗手配などを効果的に行う力
	問題分析力		問題に関する情報を収集し、諸要素に分解して、問題の本質、原因を究明する力
	構想力		ばらばらの諸要素を秩序ある形や体系にまとめる力
	創造性		既知の情報を分解して、組合せを変えまたは加工し、新しい代替案や解決策を得る力

以上に述べたのは、一般的に考えられる管理能力であって、すべての管理者にこれらの能力が均等に要求されるわけではない。管理者のリーダーシップ・スタイルをブランチャードの言うように、状況に応じて変えれば、それぞれのリーダーシップ・スタイルをとるときに必要な資質は違ってくる。

　また、管理者の階層が上位であるか下位であるかによっても、必要な管理能力の種類と比重が異なる。例えば、事業部長、部長などの上級管理者は部門全体の目標、方針を設定したり、戦略を考えたりすることが重要な役割であるから、コンセプチュアル・スキル、なかでも先見性、決断力などが最も大きなウエートをもって要求される。一方、現場の主任、係長などの初級管理者は、少数の部下を管理するとともに、自分自身も一担当者として実務をこなし、その実務に関して部下を指導する立場にあるから、テクニカル・スキルがなくては役割を果たせない。

　このように、それぞれの管理者に要求される能力は、状況や階層によって異なるということを十分承知した上で、今、自分にとってどういう能力の開発が必要かを判断することが肝要である。

③ 管理行動診断

　次に掲げる表は、管理行動を業績の側面と人間の側面に分けてとらえた診断表である。この表で自己診断し、どういう管理能力を開発するかを判断する材料にしていただきたい。客観性を高めるために、上司や部下にも評価してもらうとよい。

管理行動診断表

該当するところに○をつけてください。
 (1.あまりやっていない 2.たまにやっている 3.ときどきやっている
  4.かなりやっている 5.いつもそうである)

A (業績)

1. 職場内の仕事や設備、材料、器具などの現状と問題点をつかんでいる　1 2 3 4 5
2. 期ごとに目標を個人個人(自分も含めて)に設定して達成に向け動機づけている　1 2 3 4 5
3. 仕事の納期や期限を守って仕事を進めている　1 2 3 4 5
4. 大きな問題、障害に直面したとき、あきらめずに前向きに問題解決に取り組んでいる　1 2 3 4 5
5. 自分ならびに係の仕事を推進するためスケジュールを立てて仕事を進めている　1 2 3 4 5
6. 問題が起こったとき、的確に判断し、迅速に処理している　1 2 3 4 5
7. 上司や部の目標をかみくだいて部下に伝えている　1 2 3 4 5
8. 係内あるいは課内で起こった問題解決のため、上司や他部門に積極的に働きかけたり、まき込んだりしている　1 2 3 4 5
9. 目標達成のプロセスでは達成状況をチェックし、期末には成果の評価をちゃんと行っている　1 2 3 4 5
10. 仕事や職場生活に関する基準、規則、手順、手続、取決めなどを部下に励行させている　1 2 3 4 5
11. 各仕事のコストを明確に決め部下に理解させている　1 2 3 4 5
12. 報告、連絡、意見具申などの効果的なやり方を部下に教え実施させている　1 2 3 4 5
13. 部下に「自分はどの仕事の主担当だ」「どの範囲・程度までが自分の分担だ」ということを理解させている　1 2 3 4 5
14. 仕事に関する情報、ニュースはいつも部下にこまめに知らせている　1 2 3 4 5
15. 部下の業績や行動に不足、不良があった場合、その原因を究明して、再び起こさぬよう手を打っている　1 2 3 4 5
16. 職場内の各仕事の進行や結果を記録したり、統計にまとめたりしている　1 2 3 4 5
17. 部下の業績、成果は、事実に基づいて、つかんでいる　1 2 3 4 5
18. 上司が的確な判断ができるよう、上司に対し報告、意見具申、情報提供を自分から進んで行っている　1 2 3 4 5
19. 部門全体の業績向上のため、他職場に対する連絡、応援、協議などを自分から進んでやっている　1 2 3 4 5
20. 仕事の進行にあたって、品質向上、経費節減につとめている　1 2 3 4 5

B（人間）

1. 部下の能力の現状を分析し、個人個人の強み弱みを的確につかんでいる　1 2 3 4 5
2. 個人個人の持ち味（個性）や創意を生かせるような場を与えている　1 2 3 4 5
3. 勉強会などの教育や1対1の指導を積極的にやっている　1 2 3 4 5
4. 日常の仕事の中で部下が誤りをしたり問題を起こしたら、すぐ適切な指導、助言を与えている　1 2 3 4 5
5. 職場内の個人的な対立を極力回避し、共同目標達成に向けて協力させている　1 2 3 4 5
6. 長期的視点に立ち、部下の将来性や可能性を開拓するよう個人個人の育成計画を立てている　1 2 3 4 5
7. 係内や課内にリラックスした雰囲気を作るため、レクリエーションや飲み会などの場をもうけている　1 2 3 4 5
8. 係内や課内の問題を皆で討議する場をもうけ、不満解消や問題解決につとめている　1 2 3 4 5
9. 部下の仕事ぶりや行動内容を事実に基づいてつかみ、これを記録している　1 2 3 4 5
10. 部下のもつ意見や情報を、こちらから一歩踏み込んで聞き出すようにしている　1 2 3 4 5
11. 部下に仕事を割り当てたり、指示したりする場合、当人の能力を考慮して必要な助言や指導を行っている　1 2 3 4 5
12. 部下の能力向上に応じて、仕事の範囲や程度を変えたり、新しい役割をもたせたりしている　1 2 3 4 5
13. 部下が努力や工夫をした場合、その成果をほめ、査定に反映したり、上役に具申している　1 2 3 4 5
14. 先入観や印象で部下にレッテルを貼らないようにしている　1 2 3 4 5
15. 査定は事実に基づき、基準と比べて公正に行っている　1 2 3 4 5
16. 査定の結果について部下から質問や不満が出たとき、当人が納得するよう説明している　1 2 3 4 5
17. 職場内のインフォーマルグループ（個人的な人間関係）をつかんでいる　1 2 3 4 5
18. 部下の希望、自信、趣味、私生活上かかえている問題などを知っている　1 2 3 4 5
19. 会社や部門の動向、社会との関係などを部下に理解させるようつとめている　1 2 3 4 5
20. 安全、健康の保持のための諸施策を部下に理解させ、その励行を指導、援助している　1 2 3 4 5

合計点　A □　B □

4 管理者の自己開発

　自分の行動が周囲からどう評価されているかは案外わからないものである。だれでも自分のことはひいき目に見る。他人が見るほうが点数が辛い。職場活性度診断、管理行動診断なども、自己診断だけでは、正確なことはわからない。

　そこで、自己開発の第一段階は、上司、同僚、部下が自分をどう思っているかをつかむことである。「人間は姿、形以外の自分を映す鏡を持っていないが、他人が自分を映し出してくれる」ただし、相手はあからさまにものを言わない。アンテナの感度を高め、周囲の人達がさりげなく発している情報をつかまなくてはいけない。つかまえにくいときは、「わたしの決定が遅いので、みな仕事がやりにくいだろうね」というように探知信号を出してみる。会社に親しい人がいる場合は、その人の率直な意見を聞いてみるのもよい。

　とにかく、まず自分を知る。その上で弱点を改めようとするか、弱点はとりあえずそのままにして、強みをさらに強化するか、自己開発目標を立てる。

　一般的には、短所を改造するより、長所を伸ばすような考え方が現実的である。短所は何十年もの人生経験の中で固まってきたものだけに、そう簡単には変えられない。短所は自覚しているだけでよい。自覚していれば、自分の弱いところを他人に補ってもらおうとする気持ちが働いて、他人の意見を素直に聞くようになる。自分の長所を伸ばそうと心掛けているときは、他人の長所も見えるものである。

　では、管理能力をどう開発するか。いろいろやり方はあるだ

ろうが、自分の身近に優れた人を見つけ、そのやり方を見習うのが早道である。すべてに優秀な人はいないけれども、ある特定の能力が優れた人は見つかるだろう。そういう人を3人も探せば当分勉強の種に事欠かない。

〈著者紹介〉
片山寛和(かたやま　ひろかず)

1935年、広島県に生まれる。
1958年、東京教育大学文学部卒業。
ソニー株式会社入社後、厚木工場人事課長、大崎工場総務部長、大崎工場長などを歴任。
1988年、独立し、人材育成コンサルタントとして企業の管理者教育、人事労務相談にあたっている。

〈著書〉
『若いビジネスマンに贈る手紙』
『新任管理者に贈る手紙』
『自分流に生きる』
『仕事に活かす文章の技術』(共に日本能率協会マネジメントセンター刊)

(新装版)
管理者の役割　～管理基礎テキスト～

1993年 4月 6日　　第1版第1刷発行	定価はカバーに表示してあります。
1994年10月29日　　第2版第1刷発行	
2005年 6月25日　　第3版第1刷発行	
2019年 8月23日　　第3版第6刷発行	

著　者　　片　山　寛　和

発　行　所
㈱産労総合研究所
出版部 **経 営 書 院**

発行者　　平　　盛　之

〒112-0011 東京都文京区千石4-17-10産労文京ビル
電話 03(5319)3620　振替00180-0-11361

©Hirokazu Katayama 1993 Printed in Japan　　印刷・製本　藤原印刷株式会社
落丁・乱丁本はお取替えいたします。

ISBN978-4-87913-926-9　C2034